Beilage

Lesetexte

SNARF BOOK
JOST NICKEL

Alfred

Lesetext 1: Sechzehntelnoten – Moving Accents / Groups of 1

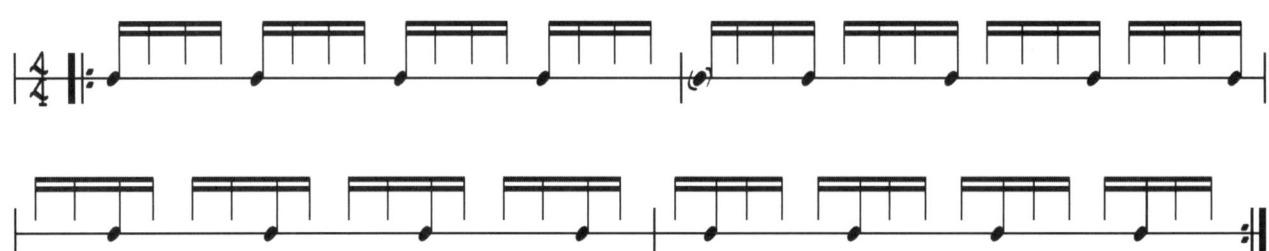

Sechzehntelnoten / Groups of 1

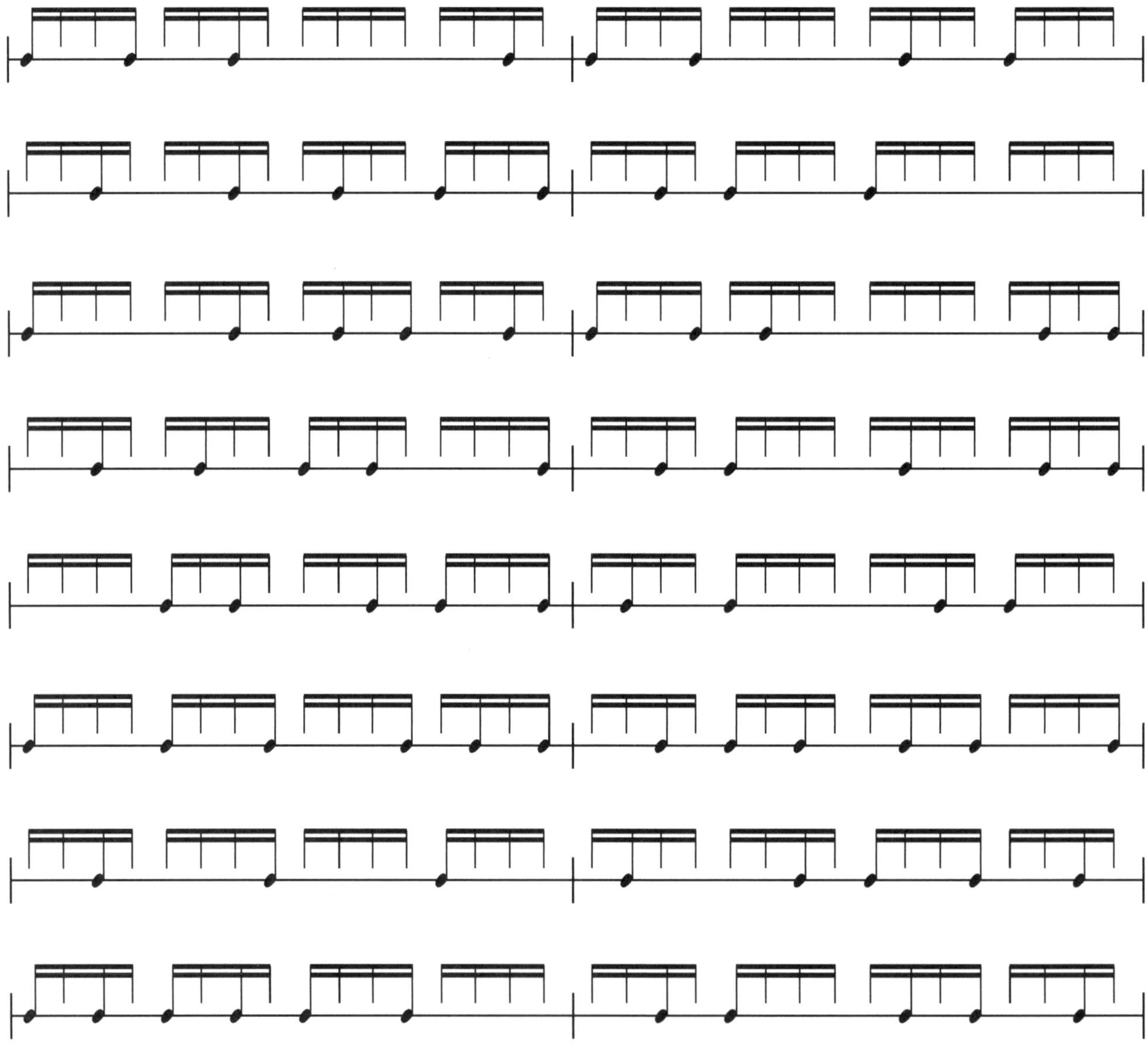

SNARE BOOK

JOST NICKEL

Alfred

Mein besonderer Dank geht an:

Sonor Drums: Thomas Barth

Meinl Cymbals & Percussion: Norbert Saemann, Chris Brewer, Chris Sterbling und Oliver Käßler

Vic Firth Sticks: Joe Testa und Frank Rohe (M&T)

Remo Drumheads: Nico Nevermann (GEWA), Gary Mann und Chris Hart

Ahead Armor Cases: Curt Doernberg (Musik Wein)

Beyerdynamic Microphones: Bernd Neubauer

Ich widme dieses Buch meiner Frau Mareike und meinen Töchtern Alma und Mathilde.

www.jostnickel.com

© 2019 by **Alfred** Music Publishing GmbH
info@alfredverlag.de
alfredverlag.de | alfredmusic.de

Covergestaltung: Gerhard Kühne
Notensatz: Jost Nickel
Lektorat: Thomas Petzold
Gesamtleitung: Thomas Petzold
Art.-Nr.: 20279G (Buch & Beilage Lesetexte)
ISBN 10: 3-947998-11-2
ISBN 13: 978-3-947998-11-1

Fotonachweis:
Umschlagfotos: © by Gerhard Kühne
S. 3, 12, 17, 55, 98 und 122: © by Gerhard Kühne
S. 26 und 107: © by Meinl
S. © 29 und 38: @ by Drumeo
S. 35 und 93: © by Anshix Arts
S. 44 © by Jost Nickel

*Herzlich Willkommen zu meinem **Snare Book**!*

Es enthält eine Fülle verschiedener *Snare-Übungen*, die deine Technik verbessern werden, aber auch dein generelles Rhythmus-Verständnis.

Ich übe gerne, mag aber keine Übungen, bei denen ich ständig das Gleiche spielen soll. Dann schweifen meine Gedanken ab, und ich kann mich kaum dazu motivieren, weiter zu üben.

Natürlich bedeutet Üben, dass man Dinge immer wieder tut, aber mir ist wichtig, dass der Variantenreichtum der Übungen dazu führt, dass ich konzentriert bleibe und die Dinge GERNE übe, anstatt mich dazu ZWINGEN zu müssen.

Ich bin mir sicher, dass der Variantenreichtum in diesem Buch dazu beiträgt, dass du dich gut konzentrieren kannst und so Spaß beim Üben hast. Das macht es leichter, Übungen so oft zu spielen, wie es für das Weiterkommen erforderlich ist.

Wie bleibe ich bei der Sache?

- Mich faszinieren Übungen, bei denen ich beispielsweise ein mir wohl bekanntes Sticking mit einer ebenso bekannten Rhythmik *kombiniere* und die Kombination dieser beiden Zutaten dazu führt, dass ich meine Hände neu sortieren muss.

- *Gewohnheiten zu durchbrechen* ist auch eine gute Idee, wie z.B. nicht jeden Flam zu akzentuieren.

- Oder es kann interessant sein, Paradiddles in Achteltriolen statt in Sechzehntelnoten zu spielen. Obwohl die Schlagabfolge unverändert ist, ist es eine große Herausforderung, den Paradiddle (und andere Stickings) in anderen rhythmischen Zusammenhängen zu spielen. Die *Kombination aus rhythmischer und technischer Herausforderung* führt dazu, dass du bei der Sache bleibst.

Je spannender du deine Übungen findest, desto lieber wirst du üben und so ein besserer Musiker werden.

Mein Snare Book ist also definitiv KEIN typisches Rudiments Buch. Wenn ich Musik mache, denke ich tatsächlich nie an Rudiments, sondern an die Rhythmik, nach der die Musik verlangt.

Meistens benutze ich mein *Pad*, wenn ich Snare-Übungen spiele:

- Es ist *leiser*.

- So ein Pad ist einfach praktisch: Ich kann *zu Hause* üben oder mich *vor Gigs* aufwärmen und ich kann es sogar mit in den *Urlaub* nehmen (nur Mitnehmen reicht natürlich nicht).

- Mir fällt es leichter, mich auf meine Snare-Technik zu *konzentrieren*, wenn ich nur das Pad und nicht das ganze Drumset zur Verfügung habe.

Jost Nickel

Die Lesetexte

Ich habe mich entschieden, die Notation *so einfach wie möglich* zu gestalten, um es denen leichter zu machen, die noch nicht so gut Noten lesen können. So findest du in den Lesetexten *keine Pausen,* und es sind auch immer *alle Schläge* der jeweiligen Subdivision ausnotiert. Immer wenn du einen *Notenkopf* siehst, fügst du zur jeweiligen Übung einen *Akzent* hinzu.

Hier beispielhaft ein Takt eines der *Lesetexte (siehe Beilage):*

Vorübung 1

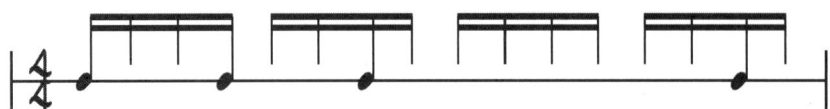

Um zu verdeutlichen, weshalb diese Art der Notation einfacher zu lesen ist, habe ich einmal *meine* Notationsweise mit der *regulären* und natürlich korrekten Notationsweise verglichen.

Zeile 1 zeigt, wie die Lesetexte in diesem Buch notiert sind.

Zeile 2 zeigt die „normale" Art, einen solchen Rhythmus mit Pausen zu notieren.

Vorübung 2

Wenn es dir lieber ist, mit *normalen* Lesetexten zu arbeiten – also mit Pausen (*siehe Zeile 2 des obigen Beispiels*), schicke bitte eine E-Mail an **snarebook@jostnickel.com**, und du erhältst ein PDF.

Die Subdivision der **Lesetexte 1 bis 5** sind *Sechzehntelnoten* und die der **Lesetexte 6 bis 11** *Achteltriolen*. Im Verlauf des Buches wirst du wissen, wann es an der Zeit ist, mit den Lesetexten zu üben.

Verinnerliche die Rhythmik der Lesetexte

Sobald du anfängst, mit den Lesetexten zu arbeiten und du dir unsicher bist, wie die Rhythmik klingen soll, kannst du sie dir folgendermaßen klarmachen:

Bei den auf *Sechzehntelnoten* basierenden Lesetexten spielst du *Einzelschläge* (**R L R L**) und verteilst den Lesetexten entsprechend *Akzente* auf die Sechzehntel. So gewöhnst du dich an die Rhythmik und kannst sie auf die verschiedenen Übungen anwenden.

Vorübung 3 zeigt genau das. Du spielst *Einzelschläge in Sechzehnteln* und verteilst die durch den Lesetext vorgegebenen *Akzente* darauf.

Vorübung 3

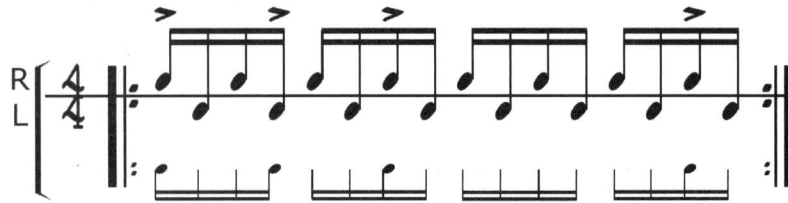

Bei den auf *Achteltriolen* basierenden ***Lesetexten 6 bis 11*** spielst du *Einzelschläge in Achteltriolen* und verteilst wieder die im Lesetext stehenden *Akzente*.

Wiederhole diese Vorgehensweise immer, wenn du unsicher in Bezug auf die Rhythmik bist.

Wie üben?

Laut (!) zählen

Die effektivste Art, die Rhythmik aller Übungen in diesem Buch zu verstehen, ist *lautes Zählen*! Ohne den permanenten Überblick über die Rhythmik im Verhältnis zum Viertel-Puls sind diese Übungen mechanisch und unmusikalisch. Es ist am Anfang vielleicht mühsam, dafür erlernst du hier eine grundsätzliche Fähigkeit, die dir in vielen verschiedenen Zusammenhängen sehr zunutze sein wird.

Meine Vorgehensweise:

1. **Du zählst alle Subdivisions laut.**
   Bei *Sechzehntelnoten* zählst du zum Beispiel: **1** e + de **2** e + de **3** e + de **4** e + de
   Bei *Achteltriolen* zählst du zum Beispiel: **1** e + **2** e + **3** e + **4** e +
   Dieser Einstieg soll es dir leichtmachen. Sobald das gut geht, bitte mit *Schritt 2* weitermachen.

2. **Zähle nur die Viertelnoten laut (alle Subdivisions weglassen).**
   Du zählst also: **1 2 3 4** (unabhängig von der Subdivision).
   Sobald das gut geht, bitte mit *Schritt 3* weitermachen.

3. **Ersetze beim Zählen das Sprechen der Viertel durch einen perkussiven Laut:**
   Du sagst *Klick* auf jedem Viertel.

Zweierlei Gründe sprechen dafür, *Klick* zu sagen:

- Du musst beim Zählen *genauer* sein, da der Laut im Gegensatz zum Sprechen der Zahlen wesentlich perkussiver ist.
- Dadurch dass du die Viertel nicht mehr aussprichst, musst du *verinnerlichen*, wo jeweils die „1" ist. Und wenn du dies nach einer Weile wirklich verinnerlicht hast, dann hörst bzw. fühlst du einfach, in welchem Takt du gerade bist.

Sobald dir die Rhythmik klar ist, brauchst du nicht mehr zu zählen.

Singen!

Eine andere gute Vorgehensweise, die verschiedenen rhythmischen Motive der Lesetexte zu verinnerlichen ist, *dazu zu singen*! Ich meine jetzt nicht dein Lieblingslied. Nein.

Ich meine, dass du einen *einfachen Groove* singst, während du eine der Übungen spielst. Damit näherst du dich der Rhythmik auf sehr musikalische Weise und wirst die Übungen *fließender* spielen können.

Bei Übungen, die auf *Sechzehntelnoten* basieren, singst du einen *geraden Groove*, während du bei Übungen, die auf *Achteltriolen* basieren, einen *Shuffle Groove* singst.

Hier ein Beispiel für eine auf *Sechzehntelnoten* basierende Übung.

Zeile 1 zeigt die Übung, und in *Zeile 2* siehst du den Groove, den du dazu singen kannst.

Dies ist das Beispiel ***Multiple Strokes 1*** von *Seite 22*.

Singen 1

Und hier der Vollständigkeit halber eine Übung, die auf *Achteltriolen* basiert. *Zeile 1* zeigt die Übung und in *Zeile 2* siehst du den Groove, den du dazu singen kannst.

Dies ist **Multiple Strokes 5** von *Seite 23*.

Singen 2

Du kannst natürlich auch *andere* (*einfache*) Grooves singen. Es geht mehr um die grundsätzliche Idee als um die konkreten Grooves.

Metronom

Du solltest nicht immer, aber *regelmäßig* mit einem *Metronom* üben. Folgende Gründe sprechen dafür:

1. Du willst sicher sein, dass du *genau* spielst. Insbesondere bei den Übungen mit wechselnden Subdivisions.
2. Du möchtest deinen *Fortschritt* dokumentieren.
3. Du möchtest einen *Übeplan* erstellen.

Übeplan mit Hilfe eines Metronoms!

1. Zuerst must du dir überlegen, *wie lange* du täglich an einer bestimmten Übung arbeiten möchtest. Speziell bei technischen Übungen halte ich *15 bis 20 Minuten* pro Tag für sinnvoll.
2. Als nächstes legst du fest, in *wie viel* verschiedenen Tempi du deine Übung spielen möchtest. Ich halte *drei bis fünf* verschiedene Tempi für gut.
3. Wir nehmen also an, dass du eine Übung täglich für 15 Minuten und in fünf verschiedenen Tempi üben willst: Pro Tempo spielst du deine Übung also *drei Minuten* lang. Wiederhole die Übung also solange, bis drei Minuten vergangen sind.
4. Wähle ein *langsames Anfangstempo* aus der unten stehenden Tempo-Liste.

Tempo-Liste (bpm)				
60	62	64	66	68
70	73	76	79	
82	85	88		
91	94	97		
100	104	108		
112	116			
120	125			
130	135			
140	145			
150	155			
160	165			
170	175			
180				

Die Tempo-Liste benutzen

- Stell dir vor, dass du deine Übung in *Tempo 60 bpm* beginnst und in *fünf* verschiedenen Tempi spielst.
- Übe also in Tempo *60, 62, 64, 66* und *68 bpm*.
- Pro Tempo spielst du *drei Minuten*.
- *Notiere die fünf Tempi* und schreibe zum höchsten Tempo das *Datum*. Wenn du merkst, dass dir dein Höchsttempo leicht fällt, wähle das nächst schnellere Tempo und schreibe es auf deine Liste.
- Notiere zum Höchsttempo das *Datum* und *streiche* das niedrigste Tempo durch, so dass du die Übung weiterhin (und immer) in fünf verschiedenen Tempi spielst.
- Die fünf Tempi anhand unseres Beispiels sind dann ~~60~~ *62, 64, 66, 68* und *70 bpm*.

Die Vorteile, in dieser Weise zu üben

Die *Vorteile* dieser Vorgehensweise sind:

1. Du beginnst immer mit einem Tempo, das dir *sehr leicht* fällt.
2. Dadurch dass eine klare Struktur feststeht, musst du dich nicht ständig fragen, ob du die Übung *lange genug* (oder *zu lange*) geübt hast.
3. Durch das Aufschreiben des Datums kannst du deinen *Fortschritt nachvollziehen* und weißt zusätzlich, wann du die Übung wieder ganz von deinem Übeplan streichen kannst. Wenn du merkst, dass du dich über einen längeren Zeitraum nicht mehr verbesserst, streiche die Übung und nimm eine andere.

Zu guter Letzt

Nimm dir für alle Übungen in diesem Buch so viel Zeit, wie du brauchst. Lass es langsam angehen und sei ruhig stolz auf jede Sache, die du dazu lernst. Es geht nie darum, etwas besonders schnell zu lernen. Lass dich von deinem Spaß und deiner Leidenschaft leiten und sei fleißig und diszipliniert dabei!

Die Notation in diesem Buch

Aus einem einfachen Grund findest du *keine* Stickings in diesem Buch:

Zeile 1 zeigt immer die *rechte Hand*.

Zeile 2 zeigt immer *linke Hand*.

Zeile 3 zeigt bei vielen Übungen die Rhythmik aus den *Lesetexten*.

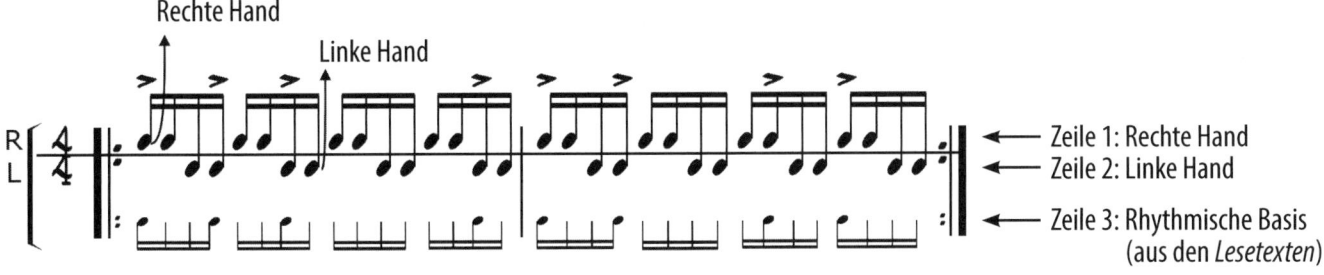

9

Jost Nickel
SNARE BOOK

Kapitel 1 | **Warm-Ups:** Doubles | Paradiddles | Multiple Strokes | Ostinati | Ruffs | Flams | Interlocking | Kombinationen aus Einzel- und Doppelschlägen

Am Anfang dieses Buches steht eine Auswahl verschiedener Snareübungen, die ich spiele, wenn ich

1. *üben möchte, aber kein Schlagzeug in der Nähe ist oder*
2. *wenn ich mich vor Gigs oder meinen Übesessions aufwärmen möchte oder*
3. *wenn ich zwischendurch etwas sinnvolles Üben möchte, aber nur wenig Zeit habe.*

Alle Übungen in *Kapitel 1* sind in sich abgeschlossen, beleuchten verschiedene Aspekte und haben eine überschaubare Länge (2 bis 16 Takte). Aufgrund der Länge kannst du die Übungen schnell auswendig lernen und so gut für oben genannte Zwecke einsetzen.

Viele der Übungen kombinieren geläufige Handsätze mit für diese Handsätze ungewöhnlichen Akzentuierungen, Subdivisions und Taktarten.

Doubles

Der Handsatz in den ersten *sieben* Übungen ist der **Double-Stroke Roll = R R L L**.

In der viertaktigen Übung *Doubles 1* spielst du im ersten Takt einen *Double-Stroke Roll* und im zweiten Takt einen *Inverted Double-Stroke Roll*. In Takt 3 und 4 passiert das Gleiche, nur führt hier die *linke* Hand.

Double-Stroke Roll
R R L L bzw. **L L R R**
Inverted Double-Stroke Roll
R L L R bzw. **L R R L**

Doubles 1 (Double-Stroke Roll | Inverted Double-Stroke Roll)

In *Doubles 2* spielst du die gleiche Übung in *Achteltriolen*. Die gleiche Übung in einem anderen rhythmischen Gewand zu spielen, kann sehr herausfordernd sein.

Doubles 2 (Achteltriolen)

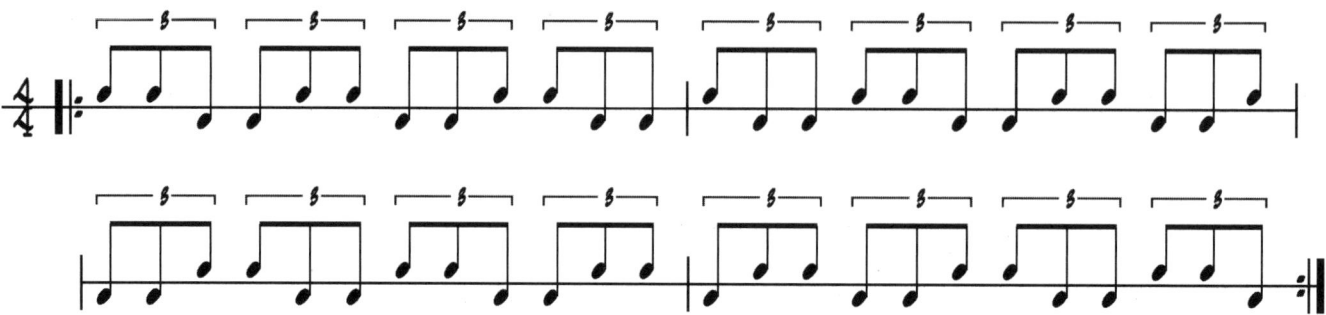

In **Doubles 3** spielst du die Doubles wieder in *Sechzehntelnoten*.

In den **Takten 1 und 3** akzentuierst du Viertel.

In den **Takten 2 und 4** akzentuierst du jede dritte Sechzehntelnote.

Diese Akzentuierung lässt dich bei den Doppelschlägen Akzente gefolgt von unakzentuierten Noten spielen und umgekehrt. Auf der „4" in Takt 2 spielst du einen **Single Paradiddle (R L R R)**, so dass du in der Zeile 2 mit der linken Hand führst. Am Ende von Takt 4 spielst du einen weiteren Single Paradiddle, so dass du beim Wiederholen der Übung wieder mit rechts führst.

Doubles 3 (Akzentuierungen)

Doubles 4 folgt derselben rhythmischen Idee, nur wechselt das Sticking zu **Inverted Doubles (R L L R R L L R)**.

Doubles 4 (Inverted Doubles)

In **Doubles 5** spielst du *drei* verschiedene Subdivisions. Unbedingt mit *Metronom* üben und die Übung auch mit *links* führen.

Doubles 5 (Subdivisions)

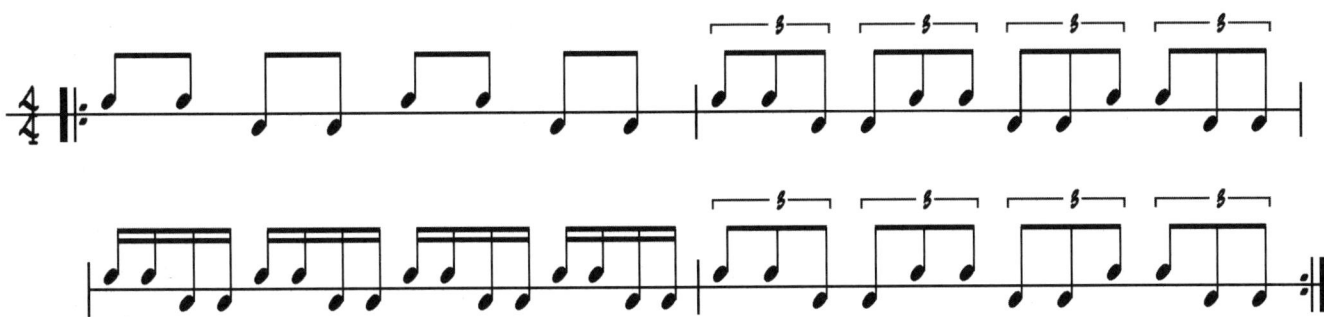

11

In *Doubles 6* spielst du dieselbe Übung mit **Inverted Doubles**. Auch hier mit *Metronom* üben und die Übung auch mit *links* führen.

Doubles 6 (Subdivisions | Inverted Doubles)

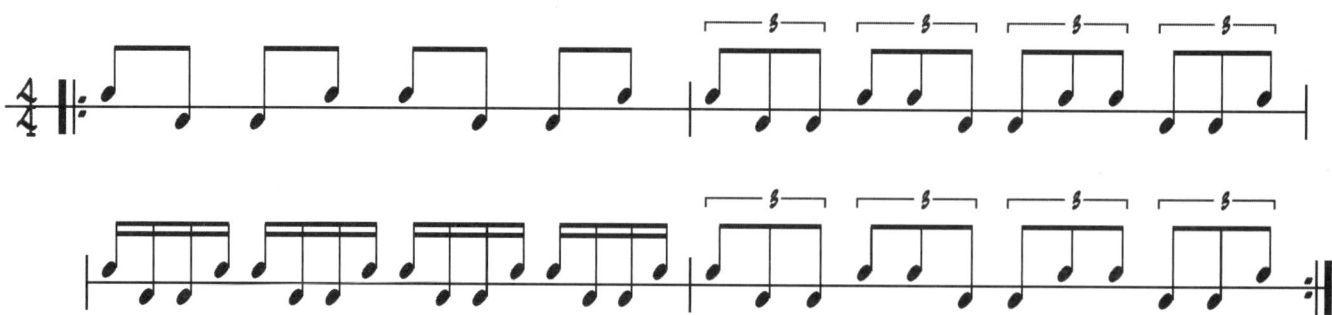

Die Taktart von *Doubles 7* ist 3/4. Die Schlagabfolge **R R L L** bleibt während der gesamten Übung bestehen, während sich die Subdivision von Takt zu Takt ändert. Deshalb unbedingt mit *Metronom* üben.

Doubles 7 (3/4-Takt)

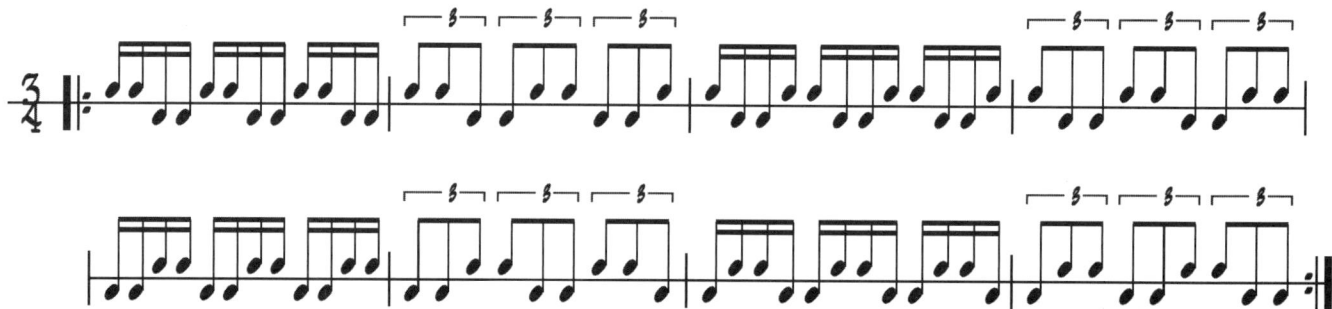

Foto © Gerhard Kühne

12

Paradiddles (Single, Double & Triple Paradiddle, Paradiddle-Diddle)

Die folgenden Übungen basieren alle auf verschiedenen Formen des *Paradiddle*. Den Anfang macht der **Single Paradiddle**.

Das Wort *Paradiddle* ist lautmalerisch.
Das bedeutet, dass du aus dem Klang des Wortes das Sticking ableiten kannst:

Das **„Pa"** und das **„Ra"** stehen für zwei alternierende *Einzelschläge* und **„Diddle"** steht für einen *Doppelschlag*.

Single Paradiddle			
„Pa"	„Ra"	„Did -	dle"
R	L	R	R
L	R	L	L

In Übung *Single Paradiddle 1* spielst du den *Single* Paradiddle in *drei* verschiedenen Subdivisions. Ab Takt 3 führst du mit der linken Hand.

Single Paradiddle 1 (Subdivisions)

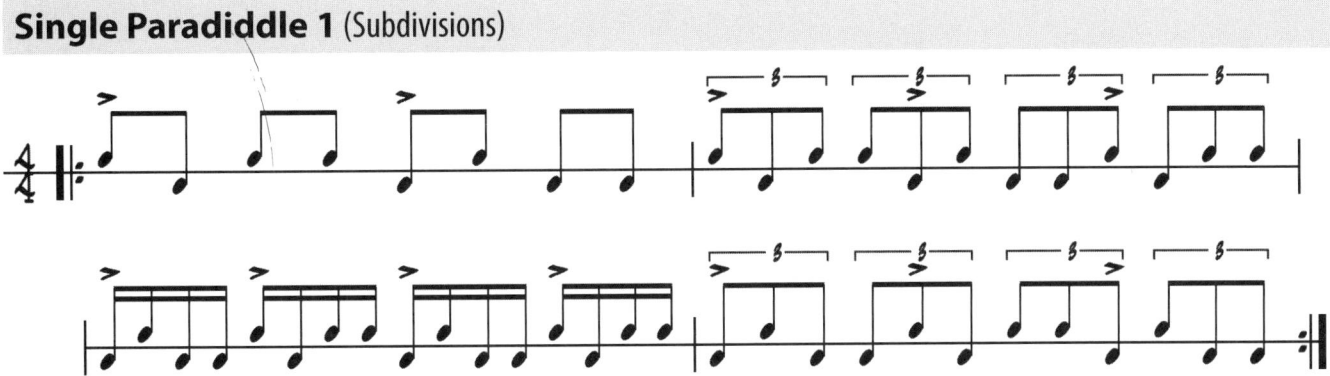

Übung *Single Paradiddle 2* zeigt eine verschobene Version des Single Paradiddle: den *Inverted Paradiddle*. Die Akzente unterscheiden sich von der vorherigen Übung.

Single Paradiddle 2 (Inverted Paradiddle)

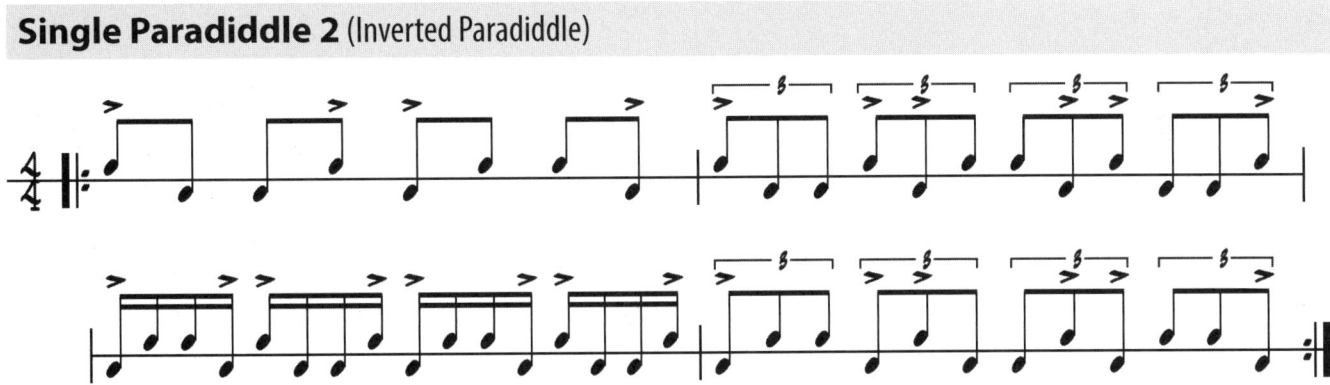

Single Paradiddle 3 zeigt eine weitere, verschobene Version des Paradiddle.

Single Paradiddle 3 (Shifted Paradiddle)

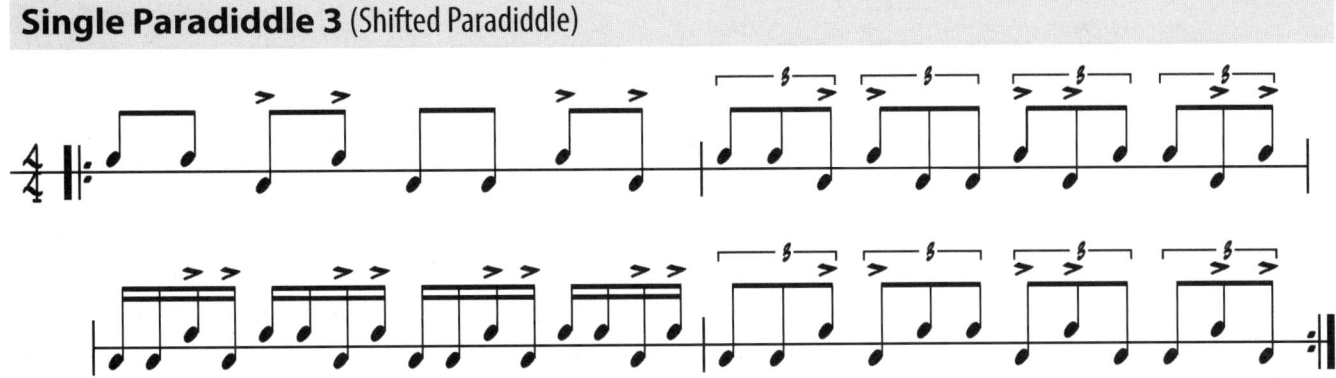

13

Single Paradiddle 4 zeigt die vierte und letzte Möglichkeit, den Paradiddle zu verschieben.

Single Paradiddle 4 (Shifted Paradiddle)

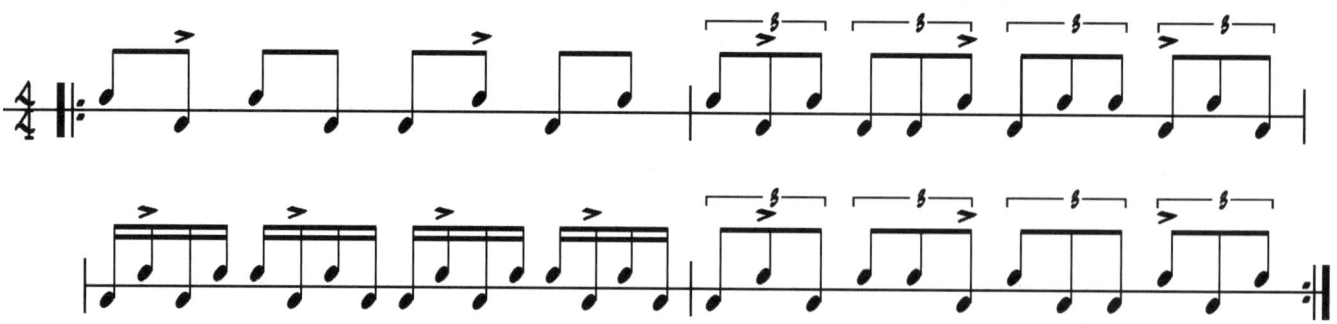

Single Paradiddle 5 ist im *3/4-Takt*. Die Schlagabfolge **R L R R L R L L** bleibt während der gesamten Übung bestehen, während sich die Subdivision von Takt zu Takt ändert. Nach 16 Takten landest du wieder am Ausgangspunkt. Unbedingt mit *Metronom* üben.

Single Paradiddle 5 (3/4-Takt)

14

Die nächste Übung zeigt einen **Double Paradiddle**. Dieses Sticking besteht aus sechs Schlägen:
R L R L R R. Wie beim *Single Paradiddle* wechselt die Führungshand mit jedem Durchgang des Paradiddle.

In der folgenden zweitaktigen Übung *Double Paradiddle 1* spielst du *vier* Double Paradiddle gefolgt von *zwei* Single Paradiddle.

Double Paradiddle
R L R L R R
bzw.
L R L R L L

Double Paradiddle 1 (4 Double Paradiddle | 2 Single Paradiddle)

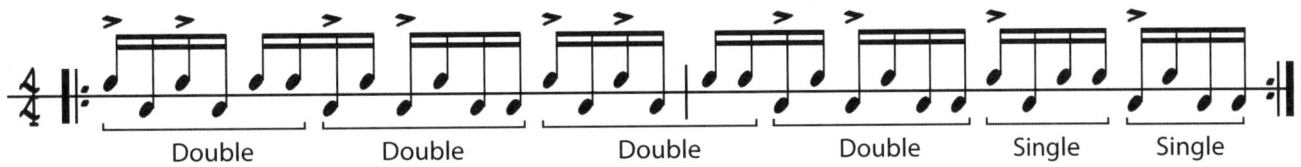

In **Double Paradiddle 2** wechselst du immer zwischen Double und Single Paradiddles.

Double Paradiddle 2 (Wechsel zwischen Double und Single Paradiddle)

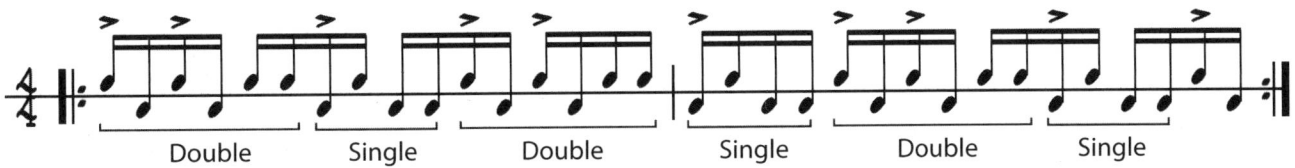

Triple Paradiddle
R L R L R L R R
bzw.
L R L R L R L L

In der *Paradiddle Kombination* kommt der aus acht Schlägen bestehende **Triple Paradiddle** dazu:

Paradiddle Kombination (Single | Double | Triple Paradiddle)

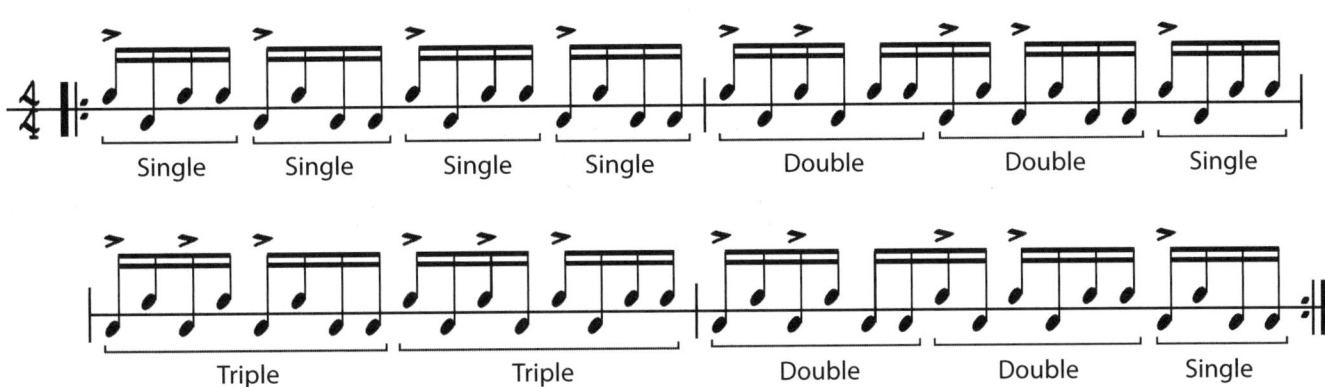

Um sich klarzumachen, was genau die beiden Hände beim *Triple Paradiddle* spielen, folgt eine Übung, die ich **Gap Exercise** nenne.

In *Takt 1* spielt nur die jeweilige Führungshand. Wenn also die *rechte* Hand führt, spielst du nur diese und umgekehrt. In *Takt 2* wird jeweils ein Schlag zu den beiden Triple Paradiddles hinzugefügt. In *Takt 3* der zweite Schlag und in *Takt 4* spielst du dann den kompletten Triple Paradiddle. Die jeweils hinzugefügten Schläge sind **grau** markiert.

Gap Exercise 1 (Triple Paradiddle)

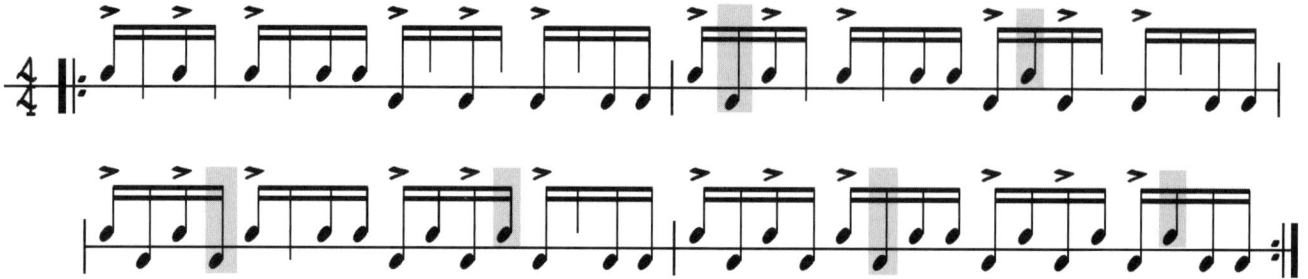

In **Gap Exercise 2** geht es um den *Paradiddle-Diddle*.

Wie bereits erwähnt, kannst du dir das Sticking aus dem Klang des Wortes herleiten. Das „**Pa**" und das „**Ra**" stehen für zwei alternierende *Einzelschläge* und „**Diddle**" steht für einen **Doppelschlag**. Der *Paradiddle-Diddle* hat also folgendes Sticking **R L R R L L**.

Gap Exercise 2 ist eine *achttaktige* Übung, bei der in *Zeile 1* nur die *rechte* Hand spielt. In *Zeile 2* fügst du zu jedem *Paradiddle-Diddle* den jeweils ersten Schlag mit der linken Hand hinzu, in *Zeile 3* den zweiten und in *Zeile 4* den dritten, womit der *Paradiddle-Diddle* komplett ist.

Die jeweils hinzugefügten Schläge sind **grau** markiert.

Paradiddle-Diddle
R L R R L L
bzw.
L R L L R R

Gap Exercise 2 (Paradiddle-Diddle – Rechte Hand führt)

In *Gap Exercise 3* führt die *linke* Hand. Ansonsten bleibt die Übung gleich.

Gap Exercise 3 (Paradiddle-Diddle – Linke Hand führt)

Foto © Gerhard Kühne

Jetzt kombinierst du *Gap Exercise 2* mit *Gap Exercise 3*.

Die *rechte* Hand führt in der ersten Hälfte der Übung (*Zeilen 1 bis 4*) und die *linke* Hand in der zweiten Hälfte (*Zeilen 5 bis 8*). Wir ändern das Sticking am Ende der Zeilen 4 und 8 so, dass der Übergang zum Führen mit der anderen Hand gut zu spielen ist (*siehe graue Markierung*).

Gap Exercise 4 (Paradiddle-Diddle – Wechselnde Führungshand)

Rechte Hand führt

Linke Hand führt

Sobald dies gut funktioniert, fasst du die *Zeilen 4 und 8* von ***Gap Exercise 4*** in einer viertaktigen Übung zusammen. In *Zeile 1* führt die *rechte* Hand und in *Zeile 2* die *linke*.

Paradiddle-Diddle 1

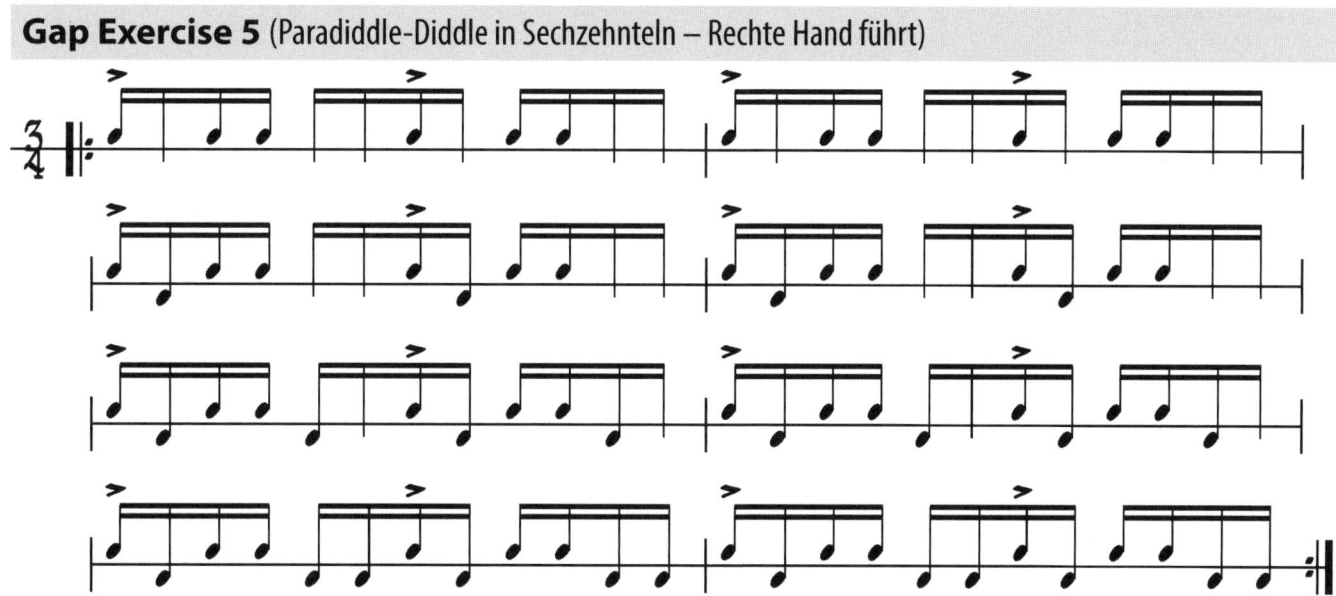

Als nächstes ändern wir die *Subdivision* und die *Taktart*. Jetzt spielst du den *Paradiddle-Diddle* in *Sechzehntelnoten* im *3/4-Takt*. Die weitere Vorgehensweise bleibt unverändert:

In *Zeile 1* spielt die *rechte* Hand alleine. In den weiteren Zeilen fügst du jeweils einen der fehlenden Schläge pro Paradiddle-Diddle mit der *linken* Hand hinzu.

Gap Exercise 5 (Paradiddle-Diddle in Sechzehnteln – Rechte Hand führt)

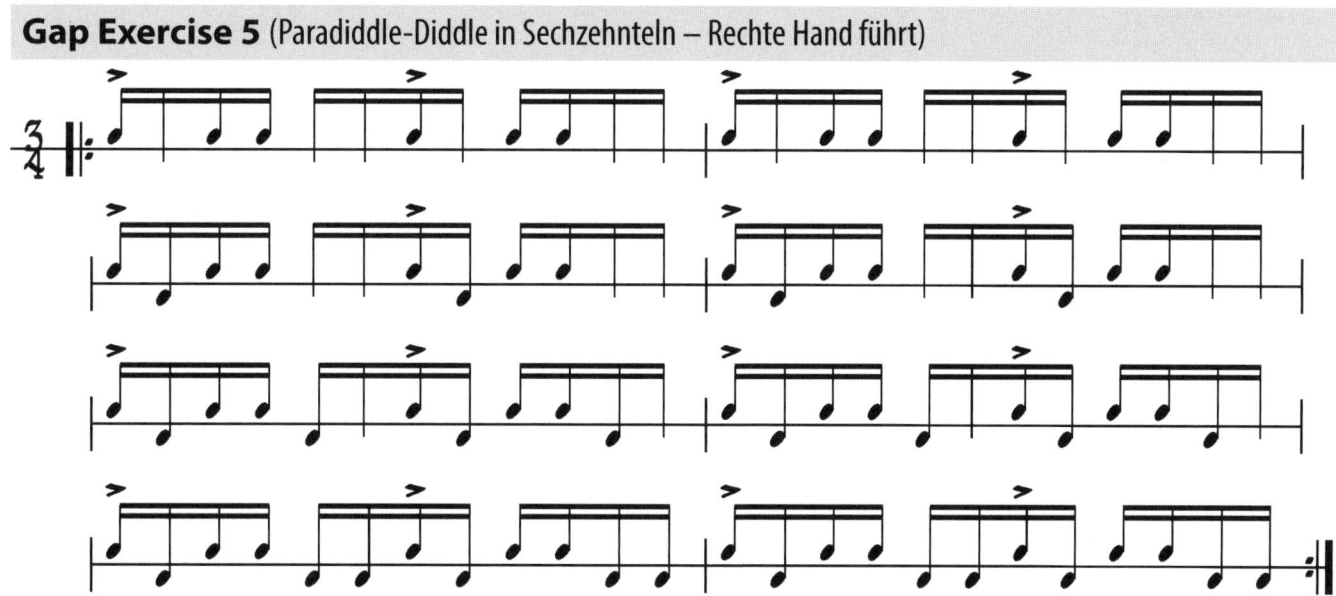

In der folgenden Übung führst du mit der *linken* Hand.

Gap Exercise 6 (Paradiddle-Diddle in Sechzehnteln – Linke Hand führt)

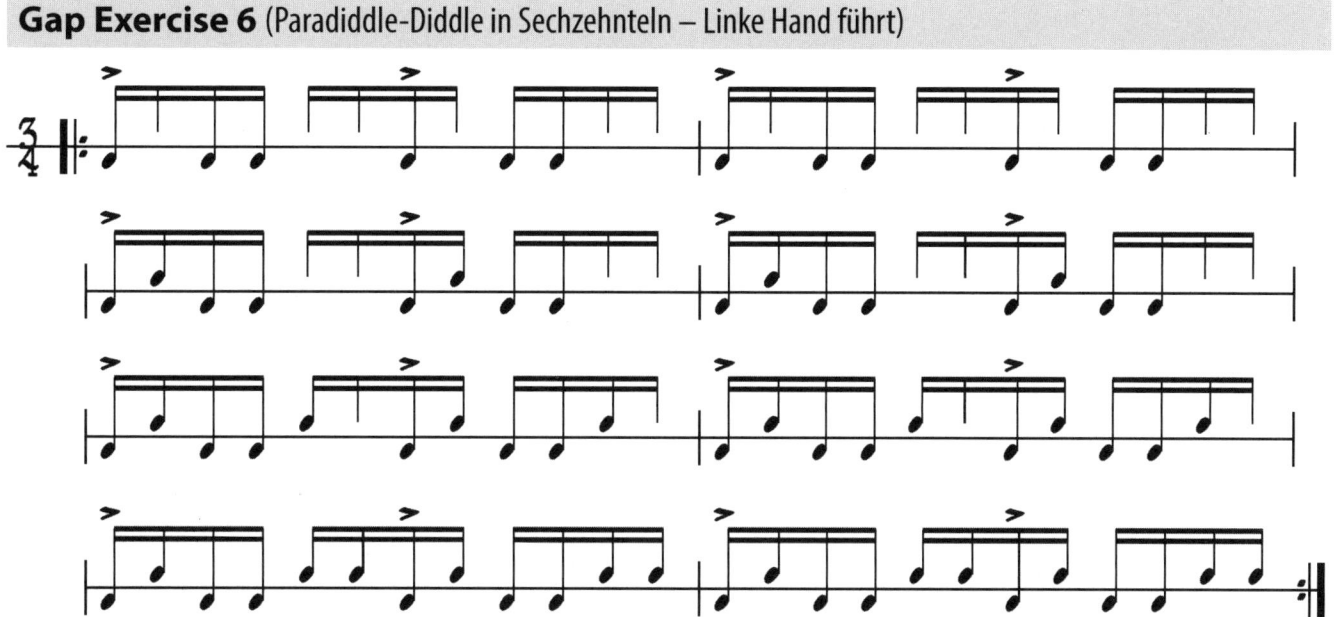

Jetzt *kombinierst* du **Gap Exercise 5** mit **Gap Exercise 6**.

Die *rechte* Hand führt in der ersten Hälfte der Übung (*Zeilen 1 bis 4*) und die *linke* Hand in der zweiten Hälfte (*Zeilen 5 bis 8*). Wir ändern das Sticking am Ende der Zeilen 4 und 8 so, dass der Übergang zum Führen mit der anderen Hand gut zu spielen ist (*siehe graue Markierung*).

Gap Exercise 7 (Paradiddle-Diddle in Sechzehnteln – Wechselnde Führungshand)

Rechte Hand führt

Linke Hand führt

Sobald dies gut funktioniert, fasst du die *Zeilen 4 und 8* von **Gap Exercise 7** in einer viertaktigen Übung zusammen. In *Zeile 1* führt die *rechte* Hand und in *Zeile 2* die *linke*.

Paradiddle-Diddle 2

In der letzten Übung zum Thema Paradiddle spielst du den *Paradiddle-Diddle* abwechselnd je zwei Mal in *Achteltriolen* und *Sechzehntelnoten*. Dadurch ergibt sich ein interessantes rhythmisches Muster.

Paradiddle-Diddle 3 (Subdivision Study)

Multiple Strokes

Im nächsten Abschnitt dieses Kapitels spielst du *Mehrfachschläge* und kombinierst diese mit teilweise ungewohnten *Akzentuierungen*.

Am Anfang steht eine Übung, bei der du mit jeder Hand *drei* Schläge hintereinander spielst. Der jeweils *erste* Schlag wird akzentuiert. Am Ende beider Takte spielst du *vier* Schläge mit einer Hand, um die Führungshand im folgenden Takt zu ändern.

Multiple Strokes 1

In der nächsten Übung spielst du denselben Handsatz, aber akzentuierst *Viertelnoten*.

Multiple Strokes 2 (Viertel-Akzente)

In *Multiple Strokes 3* spielst du vier Schläge pro Hand im *3/4-Takt*.

In *Takt 1* führt die *rechte* Hand und in *Takt 2* die *linke*. Du spielst vier Schläge pro Hand, akzentuierst aber *jeden dritten* Schlag.

Multiple Strokes 3 (Akzente auf jedem dritten Schlag)

Die viertaktige Übung *Multiple Strokes 4* ist eine *Kombination* aus den vorangegangenen Übungen im *3/4-Takt*.

In den *Takten 1 und 3* spielst du *vier* Schläge pro Hand, akzentuierst aber jeden *dritten*.

In den *Takten 2 und 4* ist es umgekehrt: Du spielst *drei* Schläge pro Hand, akzentuierst aber jeden *vierten*.

Multiple Strokes 4 (Kombination)

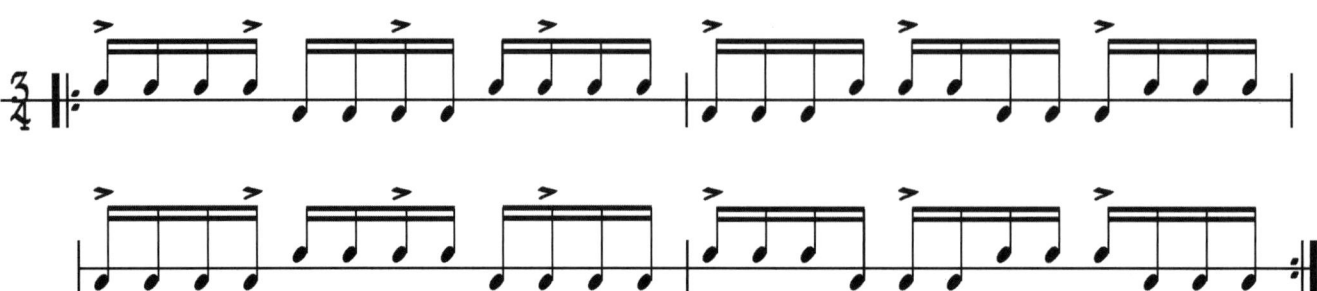

Die nächsten Übungen sind in *Achteltriolen*. Du spielst mit jeder Hand *vier* Schläge, wodurch du automatisch in *Takt 1* mit der *rechten* Hand und in *Takt 2* mit der *linken* führst. Der jeweils *erste* Schlag wird akzentuiert.

Multiple Strokes 5 (Achteltriolen)

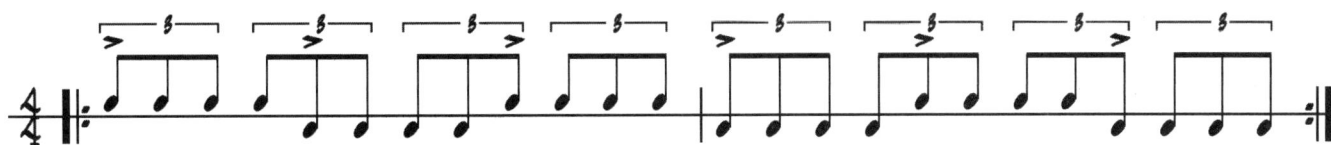

In der nächsten Übung spielst du denselben Handsatz, aber akzentuierst *Viertelnoten*.

Multiple Strokes 6 (Achteltriolen – Viertel-Akzente)

Jetzt spielst du pro Hand *drei* Schläge in Achteltriolen. In *Takt 1* akzentuierst du Viertelnoten, wohingegen du in *Takt 2* jeden vierten Schlag akzentuierst, weiterhin aber nur drei Schläge pro Hand spielst.

Multiple Strokes 7 (Drei Schläge pro Hand)

In *Multiple Strokes 8* spielst du weiterhin pro Hand drei Schläge in Achteltriolen und akzentuierst jeden vierten Schlag im *3/4-Takt*.

Multiple Strokes 8 (3/4-Takt)

Die viertaktige Übung *Multiple Strokes 9* ist eine *Kombination* aus den vorangegangenen triolischen Übungen.

In den *Takten 1 und 3* spielst du *drei* Schläge pro Hand, akzentuierst aber jeden *vierten*.

In den *Takten 2 und 4* ist es umgekehrt: Du spielst *vier* Schläge pro Hand, akzentuierst aber jeden *dritten*.

Multiple Strokes 9 (Kombination)

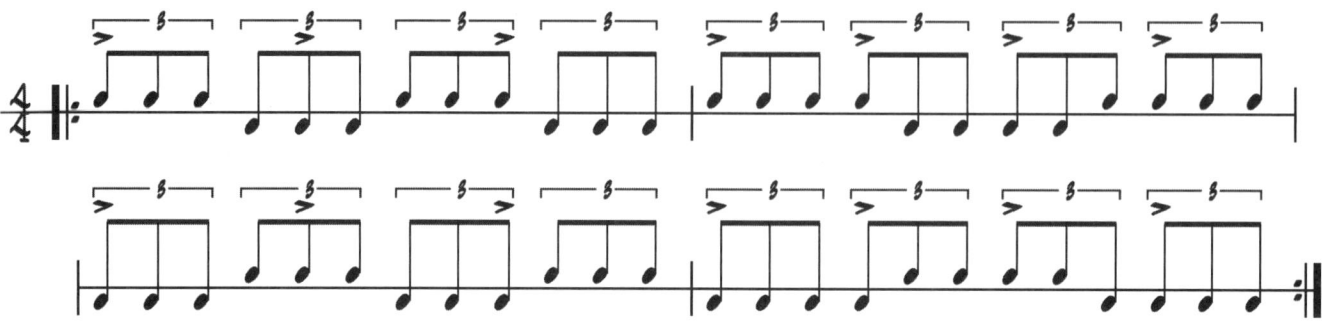

In *Multiple Strokes 10* spielst du pro Hand *vier* Schläge in *drei* verschiedenen Subdivisions. Der jeweils *erste* Schlag wird akzentuiert.

Multiple Strokes 10 (Subdivisions)

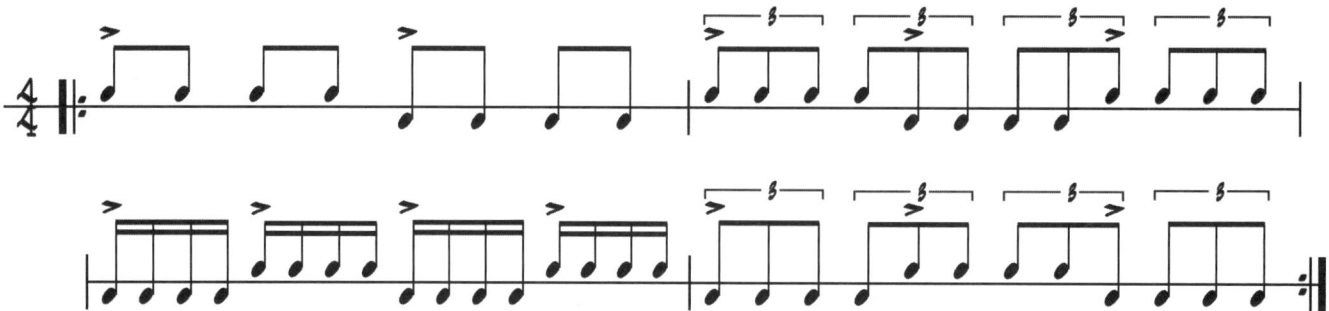

Multiple Strokes 11 ist im *3/4-Takt*. Hier spielst du pro Hand *drei* Schläge in *drei* verschiedenen Subdivisions. Der jeweils *erste* Schlag wird akzentuiert.

Multiple Strokes 11 (Subdivisions – 3/4-Takt)

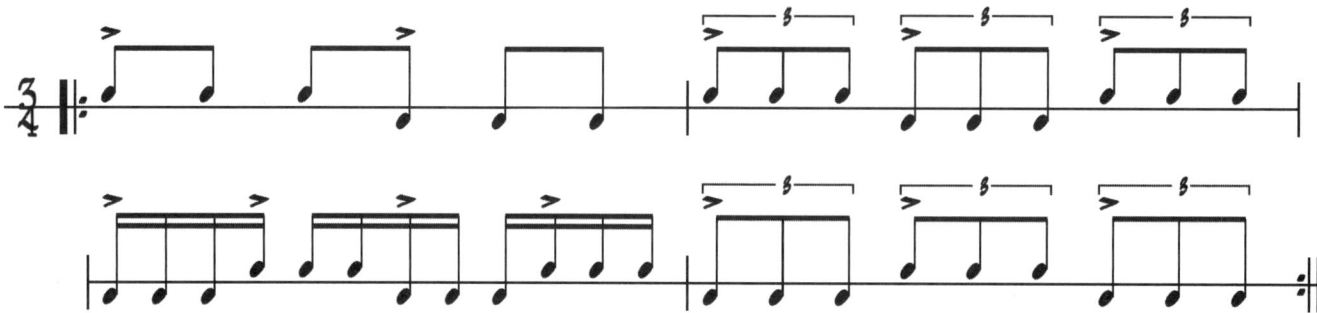

In Übung *Multiple Strokes 12* spielst du *drei* Schläge pro Hand im *3/4-Takt,* und die *Subdivision* wechselt von Takt zu Takt. Nach vier Takten landest du wieder am Ausgangspunkt. Der jeweils *erste* Schlag wird akzentuiert.

Multiple Strokes 12 (3/4-Takt)

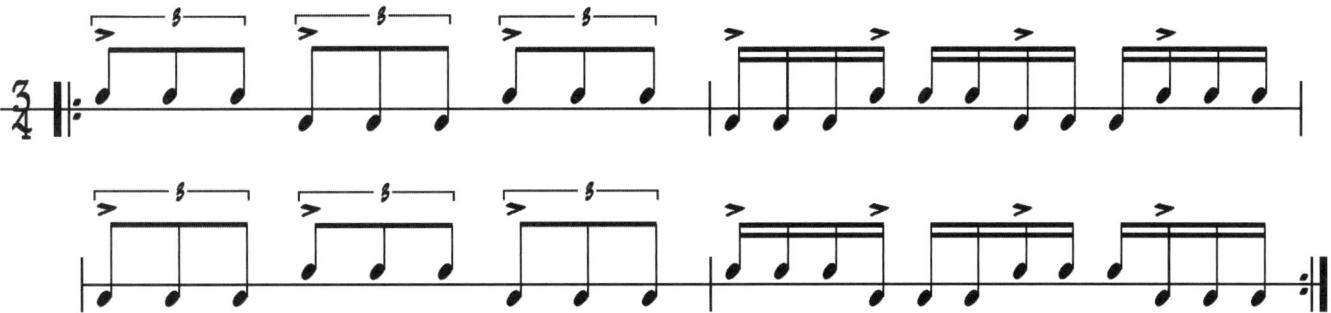

In Übung *Multiple Strokes 13* ändert sich die Taktart auf *4/4*, aber du spielst weiterhin drei Schläge pro Hand, und die *Subdivision* wechselt von Takt zu Takt. Hier landest du nach sechs Takten wieder am Ausgangspunkt und akzentuierst weiter den jeweils *ersten* Schlag.

Multiple Strokes 13 (4/4-Takt)

In Übung *Multiple Strokes 14* spielst du *vier* Schläge pro Hand im *4/4-Takt*, und die *Subdivision* wechselt von Takt zu Takt. Nach vier Takten landest du wieder am Ausgangspunkt. Der jeweils *erste* Schlag wird akzentuiert.

Multiple Strokes 14 (4/4-Takt)

25

In Übung *Multiple Strokes 15* ändert sich die Taktart auf *3/4*, aber du spielst weiterhin vier Schläge pro Hand, und die *Subdivision* wechselt von Takt zu Takt. Nach 16 Takten landest du wieder am Ausgangspunkt und akzentuierst weiter den jeweils *ersten* Schlag.

Multiple Strokes 15 (3/4-Takt)

Foto © Meinl

Ostinato / Unabhängigkeitsübungen

Bei den folgenden Übungen spielt eine Hand ein *Ostinato* (*eine sich wiederholende Figur*), und die andere Hand spielt verschiedene Figuren zu diesem Ostinato.

Alle Übungen sind in zwei Abschnitte unterteilt. Im *ersten Teil* spielt die *rechte* Hand das Ostinato und im *zweiten Teil* die *linke*.

Das Ziel ist es, die gesamte Übung von Anfang bis Ende zu spielen (und zu wiederholen). Zuerst solltest du aber jeden Takt *einzeln* üben. Im zweiten Schritt *loopst* du den Abschnitt, in dem die *rechte* Hand das Ostinato spielt (*Zeilen 1 und 2*) und dann den Abschnitt, in dem die *linke* das Ostinato spielt (*Zeilen 3 und 4*). Erst danach spielst du die ganze Übung.

Ostinato-Übung 1

In **Ostinato-Übung 2** ändert sich die Akzentuierung so, dass nun der jeweils *letzte* Schlag jeder Figur betont ist. Ansonsten bleibt die Übung gleich.

Ostinato-Übung 2

Rechte Hand = Ostinato

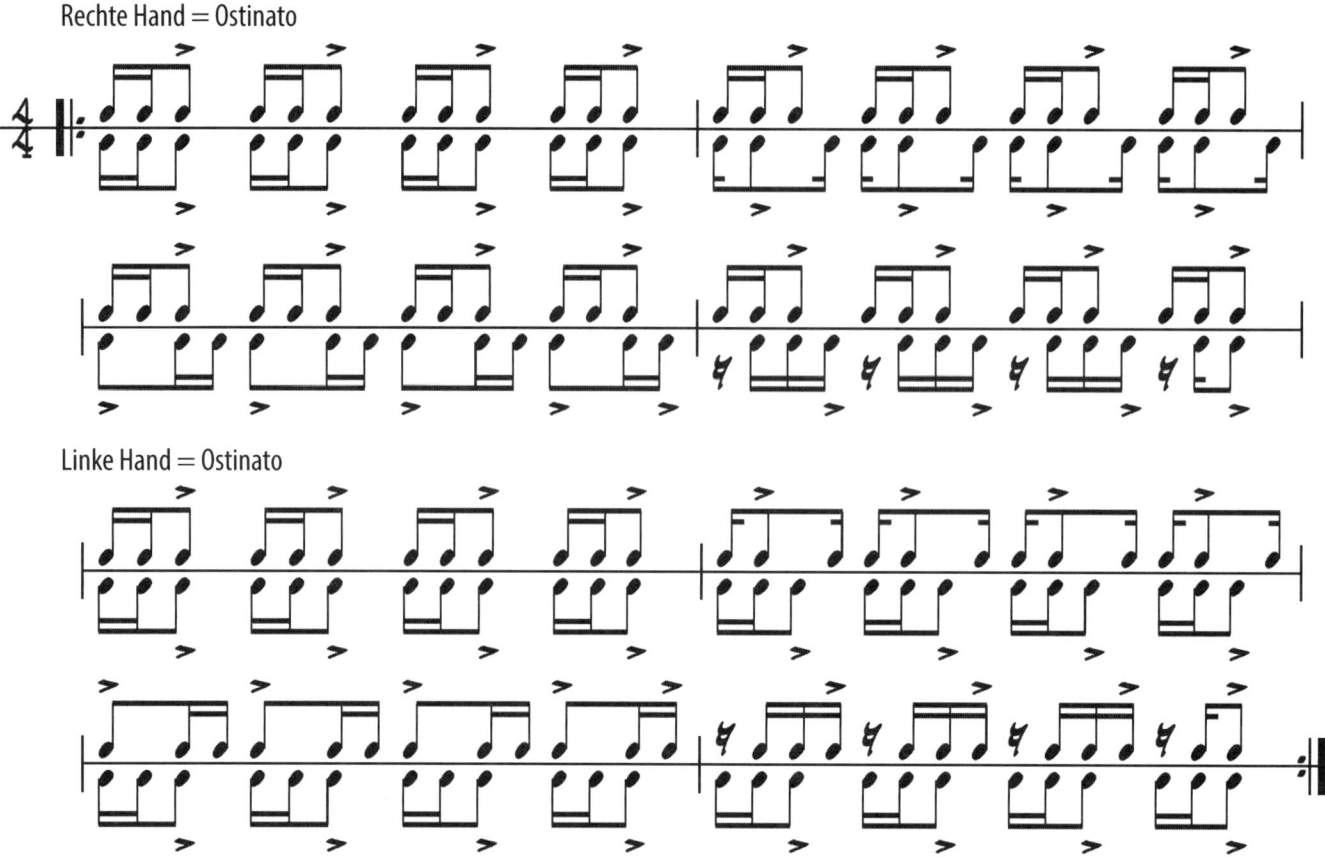

Linke Hand = Ostinato

Die Taktart der nächsten beiden Übungen ist *3/4*.

Ostinato-Übung 3

Rechte Hand = Ostinato

Linke Hand = Ostinato

Ostinato-Übung 4

Rechte Hand = Ostinato

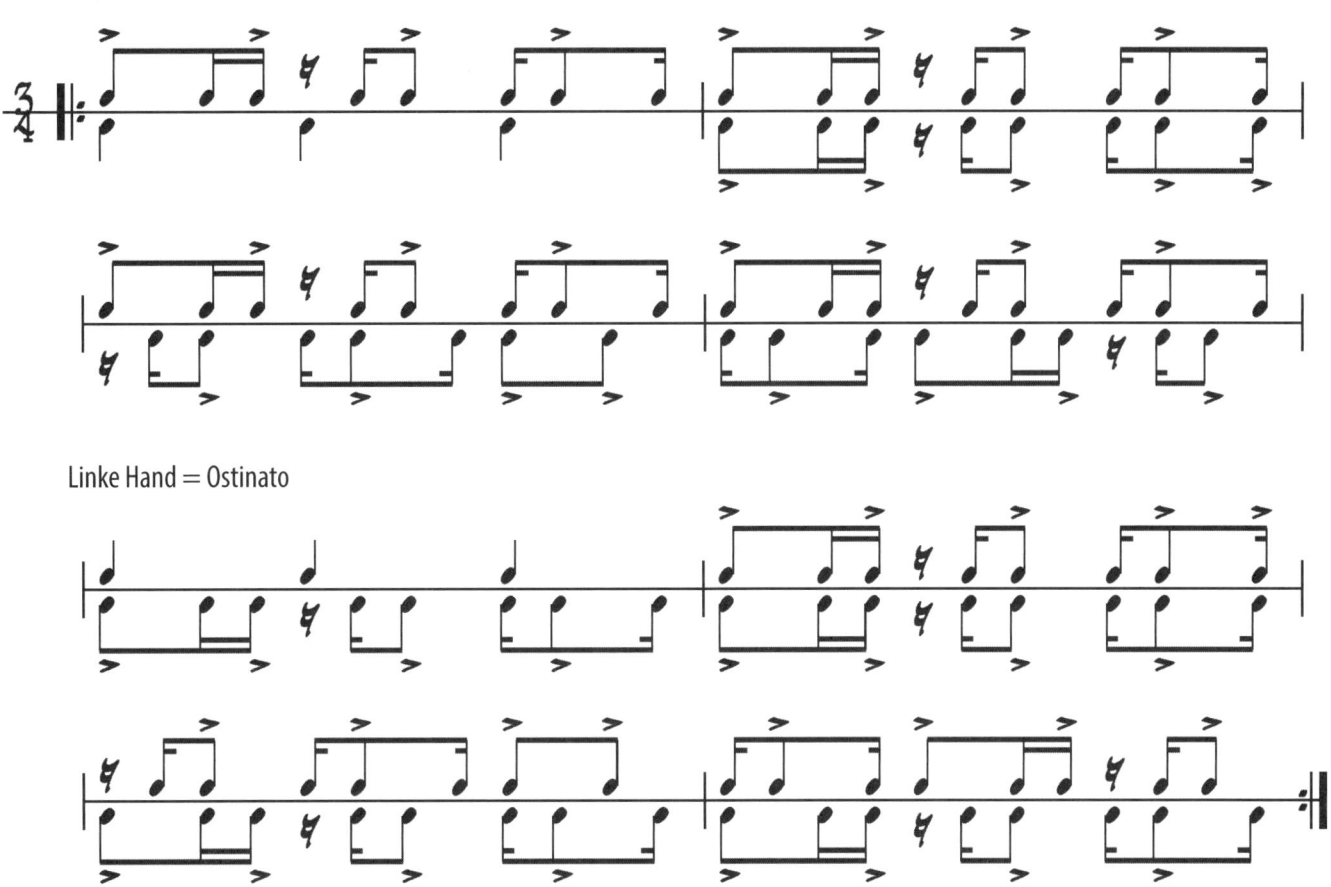

Linke Hand = Ostinato

Foto © drumeo

29

Ruffs

Die nächsten Übungen sind inspiriert vom *3-Stroke Ruff*, der aus zwei Vorschlägen und einem Hauptschlag besteht, die alle als Einzelschläge gespielt werden.

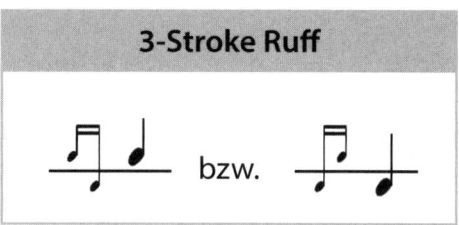

3-Stroke Ruff

Traditionell wird beim Ruff der *dritte* Schlag betont. Wir nehmen uns aber die Freiheit, in den kommenden Ruff-Übungen den ersten Schlag der Ruffs zu betonen.

Am Anfang steht eine zweitaktige Übung, bei der du einen Ruff auf jeder *dritten* Sechzehntel spielst.

Ausnahme: Nach dem Ruff auf der „4" in beiden Takten folgt der nächste Ruff erst auf der nächsten „1", was automatisch dazu führt, dass du in Takt 1 mit der rechten Hand führst und in Takt 2 mit der linken.

Tipp:

Du spielst im Verlauf der Übung *ausschließlich* Einzelschläge.

Ruffs 1

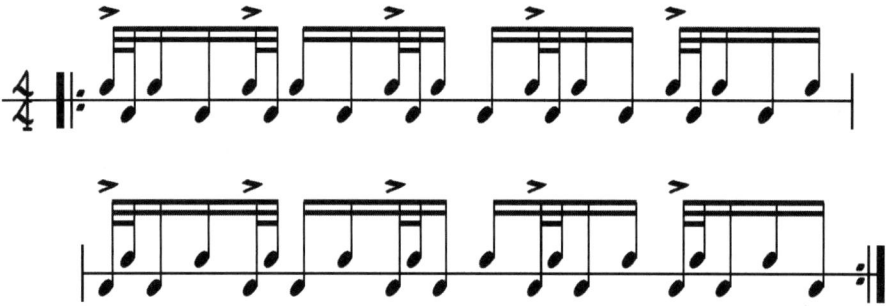

Ruffs 2 ist eine viertaktige Übung, bei der du in den *Takten 1 und 3* einen Ruff auf jeder vierten Sechzehntel spielst. Die *Takte 2 und 4* kennst du bereits von **Ruffs 1**.

Ruffs 2

30

Die nächsten Übungen sind in *Achteltriolen*. Du spielst auf jeder *vierten* Achteltriole einen Ruff, wodurch du automatisch in Takt 1 mit der *rechten* Hand führst und in Takt 2 mit der *linken*.

Ruffs 3

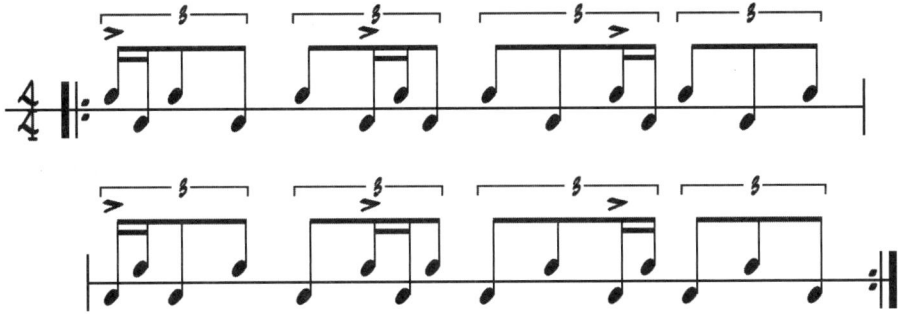

In den *Takten 1 und 3* der nächsten Übung spielst du Ruffs auf jeder *dritten* Achteltriole, wohingegen du in den *Takten 2 und 4* auf jeder *vierten* Achteltriole einen Ruff spielst.

Ruffs 4

In *Ruffs 5* spielst du Ruffs in drei verschiedenen *Subdivisions*. Genauer gesagt, spielst du auf jedem *vierten* Schlag in jeder Subdivision einen Ruff.

Ruffs 5

31

Flams

Flams bestehen aus einem Vor- und einem Hauptschlag, die fast gleichzeitig gespielt werden.
Damit erzeugt man einen kompakten und kraftvollen Sound. Auch eignen sich Flams hervorragend, um die Snaretechnik zu verbessern.

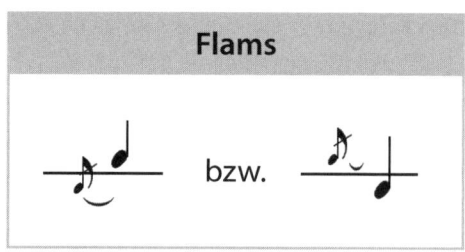

In der ersten Übung spielst du Einzelschläge, bei denen du auf jeder *dritten* Sechzehntelnote einen Flam spielst. In beiden Takten spielst du auf der „4" einen *Flam-Paradiddle*, was zum Ergebnis hat, dass du in Takt 1 mit der *rechten* Hand führst und in Takt 2 mit der *linken*.

Flams 1

Bei der nächsten Übung in *Achteltriolen* spielst du auf jeder *vierten* Achteltriole einen Flam, wobei der letzte Akzent der Beginn eines *Flam-Paradiddle* ist. Der Flam-Paradiddle am Ende führt automatisch dazu, dass du *abwechselnd* mit rechts und links führst.

Flams 2

In den *Takten 1 und 3* der nächsten Übung spielst du Flams auf jeder *dritten* Achteltriole, wohingegen du in den *Takten 2 und 4* auf jeder *vierten* Achteltriole einen Flam spielst. Wieder spielst du am Ende von Takt 2 und 4 einen Flam-Paradiddle, um *abwechselnd* mit rechts und links zu führen.

Flams 3

In *Flams 4* spielst du Flams in drei verschiedenen *Subdivisions*. Du spielst auf jedem *vierten* Schlag in jeder Subdivision einen Flam. Unbedingt mit *Metronom* üben und die Übung auch mit links führen.

Flams 4

Flams 5 zeigt einen weiteren Weg, verschiedene *Subdivisions* miteinander zu kombinieren. Hier spielst du auf jedem *dritten* Schlag einen Flam.

Flams 5

Flams 6 ist im *3/4-Takt*. In der gesamten Übung spielst du auf jeder *vierten* Note einen Flam und die Subdivision ändert sich von Takt zu Takt. Nach acht Takten landest du wieder am Ausgangspunkt.

Flams 6

33

Interlocking

Das englische *Interlocking* bedeutet Verzahnung. Beide Hände spielen die gleiche Figur, fangen aber nicht gleichzeitig an.

Die **Ausgangsfigur** besteht aus *drei* Schlägen:

Interlocking (Ausgangsfigur)

Bei den folgenden drei Übungen *Interlocking 1 bis Interlocking 3* solltest du zuerst jeden Takt *einzeln* üben, bevor du den Wechsel der Subdivisions spielst.

Interlocking 1

Interlocking 2

Interlocking 3

Interlocking 4 ist im Gegensatz zu den vorherigen drei Übungen im *4/4-Takt*, was automatisch dazu führt, dass du alle möglichen Positionen der Ausgangsfigur in dieser sechstaktigen Übung miteinander kombinierst.

Interlocking 4

Single-Stroke Roll

Die folgenden zwei Übungen dienen dazu, deinen *Single-Stroke Roll* zu verbessern. Beide Übungen sind gleich aufgebaut:

Die *rechte* Hand spielt in *Zeile 1* in beiden Takten dasselbe.

Der einzige Unterschied zwischen den beiden Takten ist, dass im zweiten Takt die *linke* Hand dazu kommt.

Das gleiche passiert in *Zeile 2*, aber nun führt die *linke* Hand.

Single-Stroke Roll
R L R L bzw. **L R L R**

Single-Stroke Roll 1

Single-Stroke Roll 2

Foto © Anshix Arts

35

Kombinationen aus Einzel- und Doppelschlägen

Im letzten Abschnitt des *Kapitels 1* kombinierst du den *Single-Stroke Roll* mit dem *Double-Stroke Roll*. Dabei benutzt du verschiedene Subdivisions: *Achteltriolen, Quintolen* und *Septolen*. Dadurch wechselt die Führungshand mit jedem Viertel.

In *Singles & Doubles Übung 1* sind *Achteltriolen* die zugrundeliegende Subdivision. In *Takt 2* dieser Übung spielst du auf der „1" Einzelschläge, auf der „2" Doppelschläge, gefolgt von Einzelschlägen auf der „3" (ab hier führt die *linke* Hand) und schließlich auf der „4" wieder Doppelschläge.

Alle Übungen folgen demselben Muster:

Zeile 1 ist die Vorübung. Hier lernst du den grundsätzlichen Bewegungsablauf kennen.

Zeile 2 ist die eigentliche Übung. Sobald du diese gut spielen kannst, kannst du Zeile 1 weglassen.

Singles & Doubles Übung 1

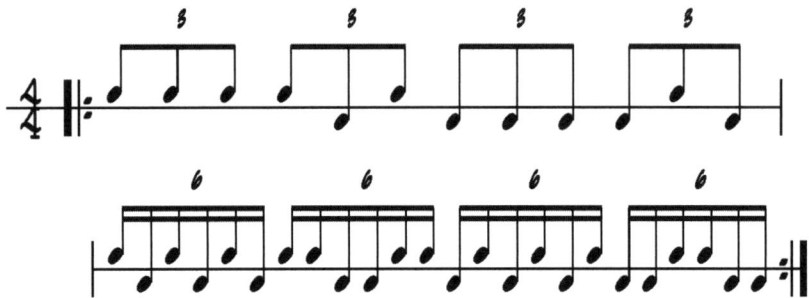

Die zugrundeliegende Subdivision von **Singles & Doubles Übung 2** sind *Quintolen*. Ansonsten bleibt das Prinzip unverändert.

Zur Erinnerung:

Zeile 1 zeigt die Vorübung.

Zeile 2 zeigt die eigentliche Übung.

Singles & Doubles Übung 2

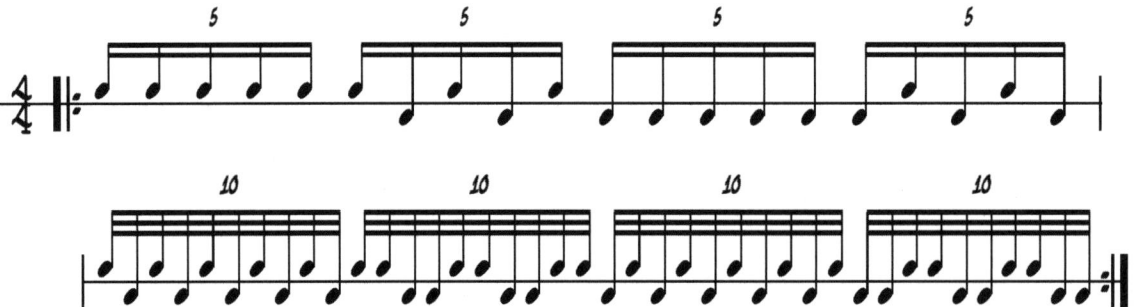

In der letzten Übung dieser Art sind *Septolen* die zugrundeliegende Subdivision.

Singles & Doubles Übung 3

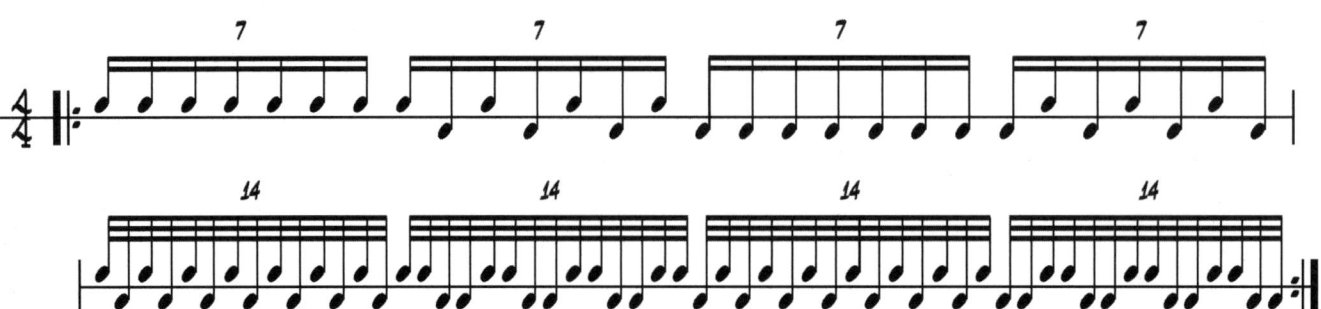

Kapitel 2 | Systematischer Ansatz auf 16tel- und 32tel-Basis:
Doubles | Flams | Multiple Strokes | Ruffs und mehr

In diesem Kapitel geht es um Übungen in *16tel-* und *32tel-Noten*. Die grundsätzliche Herangehensweise ist wesentlich systematischer als in *Kapitel 1*. Wir werden alle Übungen aus verschiedenen Blickwinkeln betrachten, um so zum einen technisch besser und zum anderen rhythmisch sicherer und flexibler zu werden.

Double-Stroke Roll 1

Genau wie in *Kapitel 1* beginnen wir mit einem **Double-Stroke Roll** in *Sechzehntelnoten* (**R R L L**), den wir systematisch mit Akzenten versehen.

Zum Anfang spielen wir auf jeder Viertelnote die gleiche Akzentuierung.

> *Zur Erinnerung:*
> In *Zeile 2* der Übungen siehst du die zugrundeliegende Rhythmik.
> *Zeile 1* zeigt die Übung, die aus dem Anwenden der Rhythmik resultiert.

Double-Stroke Roll 1.1

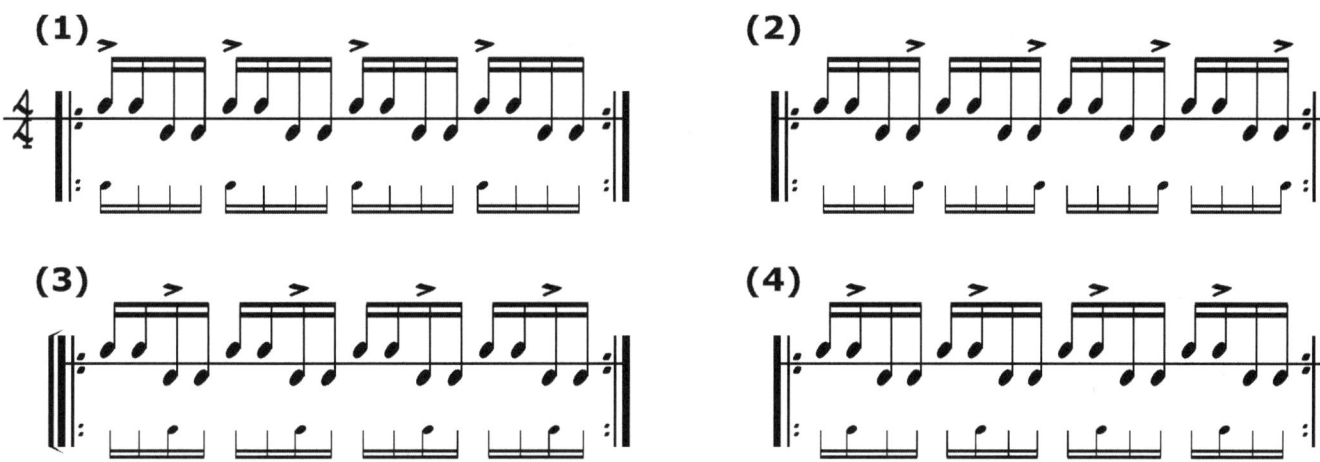

Ich und viele andere Drummer nennen diese Vorgehensweise: **Moving Accents**.

Sobald du die einzelnen Takte gut spielen kannst, fasst du die ersten vier Takte zu einer viertaktigen Übung zusammen.

Double-Stroke Roll 1.2

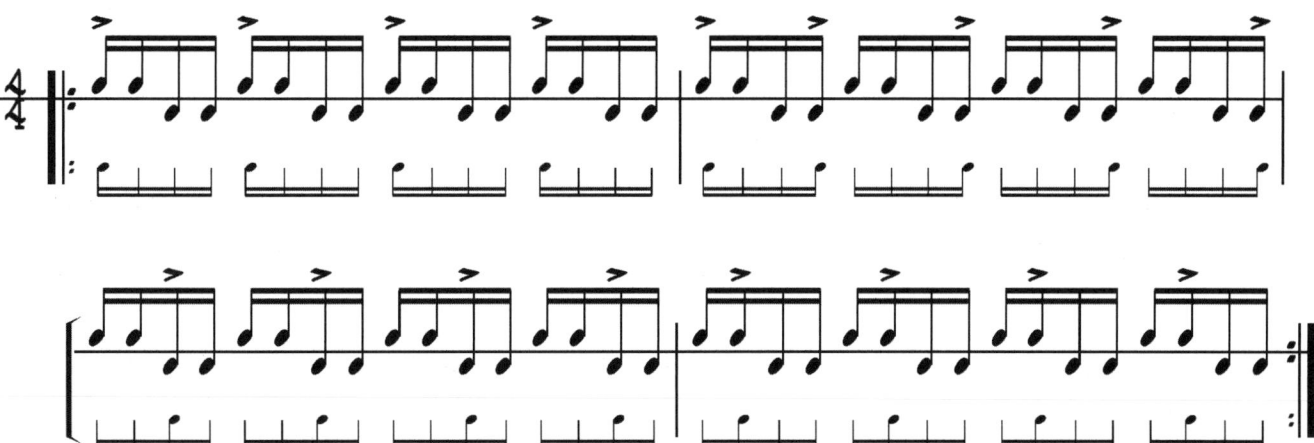

37

Falls du dich fragst, warum ich bei den *Moving Accents* diese und keine andere Abfolge der Akzente gewählt habt, hier meine Erklärung:

Das zugrundeliegende rhythmische Prinzip besteht aus *4er-Gruppen* und *3er-Gruppen*. Das mag nicht gerade offensichtlich sein, deswegen hier noch einmal das Beispiel **Double-Stroke Roll 1.2** (mit den markierten 4er- und 3er-Gruppen):

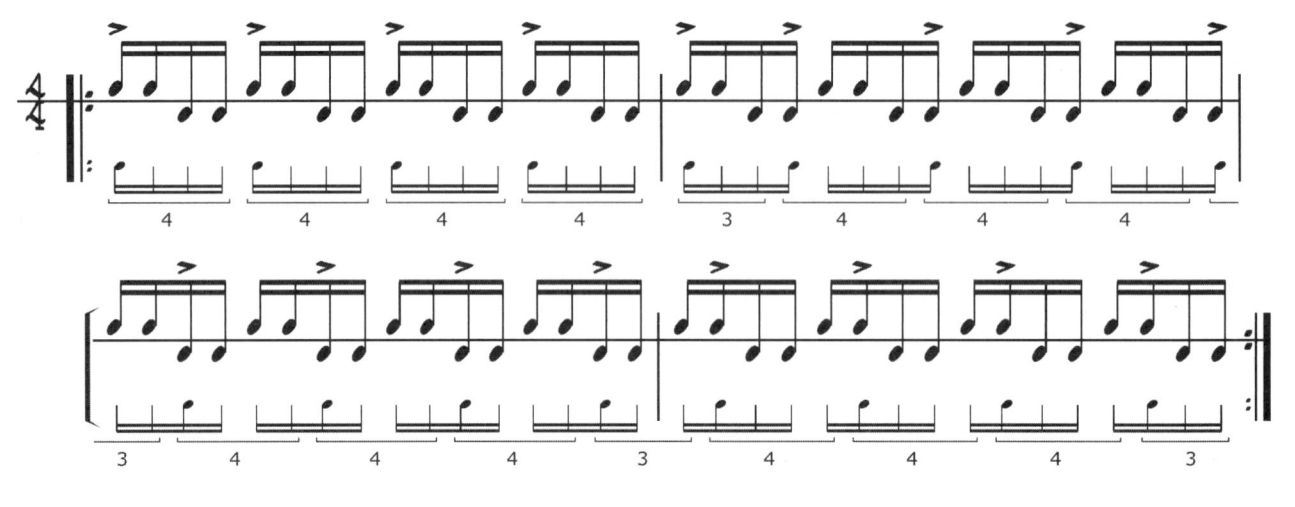

Du hast die vier Möglichkeiten kennengelernt, einen Akzent pro Viertel zu spielen. Nun geht es darum, diese Akzente miteinander zu kombinieren. ***Double-Stroke Roll 1.3*** zeigt eine mögliche Kombination.

Double-Stroke Roll 1.3

Foto © drumeo

Die Beilage:

Jetzt ist es an der Zeit, die in diesem Buch enthaltene *Beilage* zur Hand zu nehmen. Die darin abgebildeten Lesetexte sind die rhythmische Basis der folgenden Übungen in diesem Buch. Auf *Seite 2* der Beilage findest du den ersten Lesetext:

Lesetext 1: Sechzehntelnoten – Moving Accents / Groups of 1.

Die ersten beiden Zeilen zeigen die *Moving Accents*, auf denen die Übungen *Double-Stroke Roll 1.1* und *Double-Stroke Roll 1.2* basieren.

Im Lesetext steht die erste Note in Takt 2 in *Klammern*, weil sie nicht gespielt wird, wenn du zuerst an den Einzelpositionen arbeitest, wie in Beispiel *Double-Stroke Roll 1.1*.

Sobald du aber die ersten vier Takte des Lesetextes hintereinander spielst (*siehe Double-Stroke Roll 1.2*), *gilt* auch die in Klammern stehende Note.

Die *Zeilen 3 bis 10* zeigen verschiedene Kombinationen aus Einzelschlägen, die sich hervorragend zum Üben eignen. *Zeile 3* zeigt die rhythmische Basis für die Übung **Double-Stroke Roll 1.3**, die du bereits gespielt hast.

Ich habe mich entschieden, die Notation so einfach wie möglich zu gestalten, um es denen leichter zu machen, die noch nicht so gut Noten lesen können. So siehst du in den Lesetexten keine Pausen und es sind auch immer alle Schläge der jeweiligen Subdivision ausnotiert. Immer wenn du einen Notenkopf siehst, fügst du der jeweiligen Übung einen Akzent hinzu.

Um zu verdeutlichen, weshalb diese Art der Notation einfacher zu lesen ist, habe ich einmal meine Notationsweise mit der regulären und natürlich korrekten Notationsweise verglichen. Die obere Stimme ist die *Zeile 3* von *Lesetext 1: Sechzehntelnoten – Moving Accents / Groups of 1*, die untere Stimme zeigt die „normale" Art, einen solchen Rhythmus mit Pausen zu notieren.

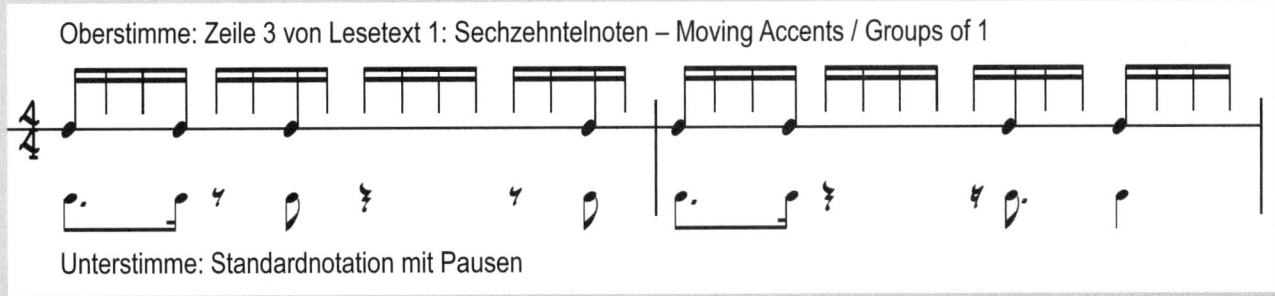

Oberstimme: Zeile 3 von Lesetext 1: Sechzehntelnoten – Moving Accents / Groups of 1

Unterstimme: Standardnotation mit Pausen

Wenn es dir lieber ist, mit „normalen" Lesetexten zu arbeiten – also denen mit Pausen – schicke bitte eine E-Mail an **snarebook@jostnickel.com** und du erhältst ein PDF.

So geht's weiter:

Übe die anderen Akzentuierungen von *Lesetext 1* (*Zeilen 4 bis 10*).

Danach übst du *Lesetext 2: Sechzehntelnoten – Moving Accents / Groups of 2*. Hier gibt es im Unterschied zu vorher nun auch *zwei* aufeinander folgende Akzente.

Die Herangehensweise ist unverändert: In Übung *Double-Stroke Roll 1.4* spielst du die ersten vier Takte von *Lesetext 2* einzeln.

Double-Stroke Roll 1.4

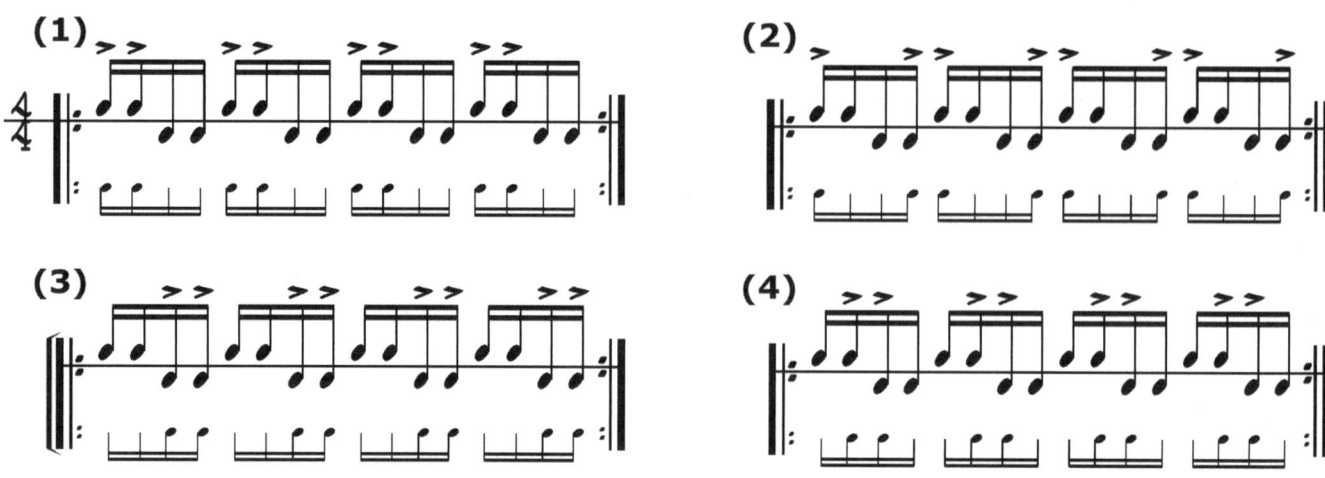

Als Nächstes spielst du die ersten vier Takte hintereinander in einer viertaktigen Übung. Dabei spielst du auch *Akzente*, wenn du im Lesetext eingeklammerte Noten siehst.

Double-Stroke Roll 1.5

Übung *Double-Stroke Roll 1.6* zeigt *Zeile 3* von *Lesetext 2*.

Double-Stroke Roll 1.6

So geht's weiter:

Übe die anderen Akzentuierungen von **Lesetext 2** (*Zeilen 4 bis 10*).

Danach übst du **Lesetext 3: Sechzehntelnoten – Moving Accents / Groups of 3+**. Hier gibt es im Unterschied zu vorher nun auch *drei oder mehr* aufeinander folgende Akzente.

Die Herangehensweise ist unverändert: In Übung **Double-Stroke Roll 1.7** spielst du die ersten vier Takte von **Lesetext 3** *einzeln.*

Double-Stroke Roll 1.7

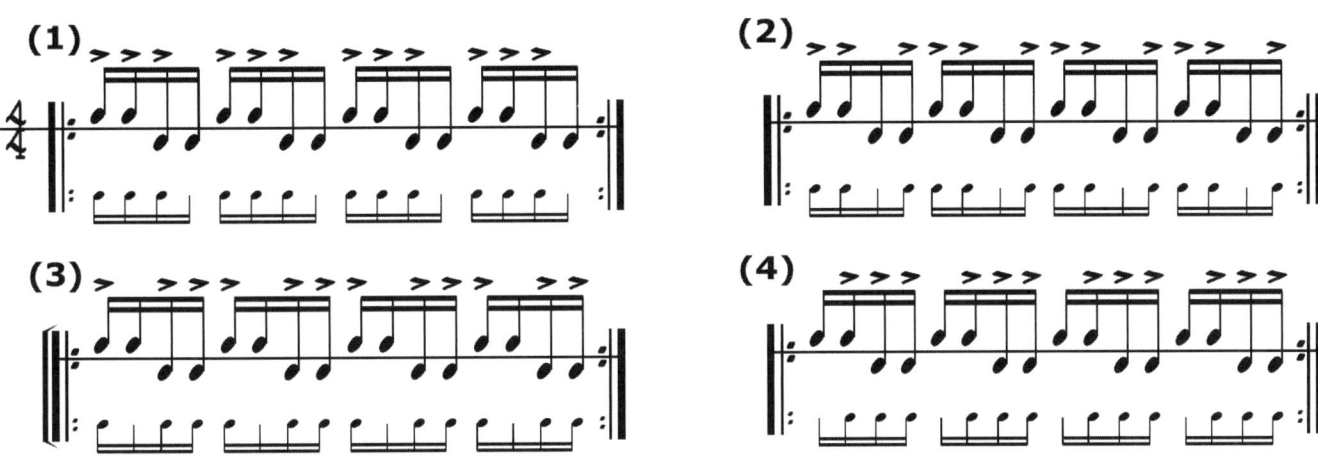

Als Nächstes kombinierst du die ersten vier Takte zu einer viertaktigen Übung.

Um *nicht mehr* als drei Akzente hintereinander zu spielen, spielen wir *keinen* Akzent auf dem letzten Sechzehntel von Takt 4 (*siehe Übung* **Double-Stroke Roll 1.8**).

Double-Stroke Roll 1.8

Übung **Double-Stroke Roll 1.9** zeigt *Zeile 3* von **Lesetext 3**.

Double-Stroke Roll 1.9

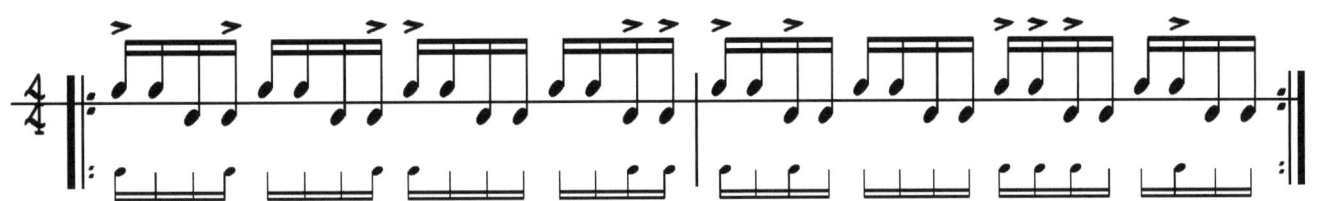

41

> *So geht's weiter:*
>
> Übe die anderen Akzentuierungen von *Lesetext 3* (*Zeilen 4 bis 10*).
>
> Danach übst du *Lesetext 4: Sechzehntelnoten – 3/5/7 Groups of 1*, bei dem es um *3er-*, *5er-* und *7er-Gruppen* geht.

Dieser Lesetext ist grundsätzlich anders als die vorherigen, weil die verschiedenen Rhythmen nun aus der Anwendung eines rhythmischen Prinzips entstehen.

Wir beginnen mit *3er-Gruppen*, bei denen sich die Akzentuierung oder die Schlagabfolge (oder beides) nach jedem *dritten* Schlag der jeweiligen Subdivision wiederholen.

Bezogen auf den **Double-Stroke Roll** heißt das, dass du einen Akzent auf jedem *dritten* Schlag des **Double-Stroke Roll** spielst. Die Schlagabfolge bleibt erhalten (**R R L L**), aber die Akzentuierung basiert auf *3er-Gruppen*.

Da eine 3er-Gruppe *drei Sechzehntel* lang und somit ungerade ist, verschiebt sich die Rhythmik in Relation zum Viertelpuls im Verlaufe der Übung.

Ich möchte betonen, dass es sich bei 3er-Gruppen sowie den 5er- und 7er-Gruppen zuerst einmal um ein *rhythmisches Prinzip* handelt und nicht um eine bestimmte Figur oder eine bestimmte Schlagabfolge.

Jede Figur, die **drei** Schläge lang andauert, ist eine **3er-Gruppe**.
Jede Figur, die **fünf** Schläge lang andauert, ist eine **5er-Gruppe**.
Jede Figur, die **sieben** Schläge lang andauert, ist eine **7er-Gruppe**.

Übung *Double-Stroke Roll 1.10* zeigt die Rhythmik von *3er-Gruppen* angewendet auf den Double-Stroke Roll.

Double-Stroke Roll 1.10 (3er-Gruppe)

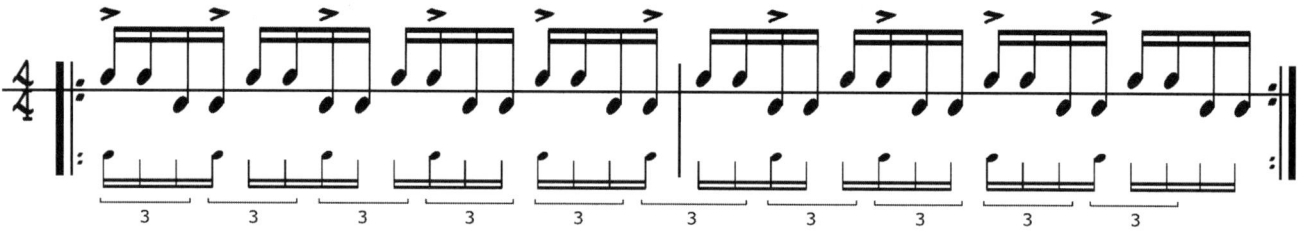

Im *Lesetext* siehst du die *3er-Gruppe* über vier Takte ausnotiert. Übe die 3er-Gruppen auch über diese vier Takte.

Bei *5er-Gruppen* ist es sehr verbreitet, Akzente auf dem *ersten* und *dritten* Schlag jeder 5er-Gruppe zu spielen. Wie dies sich auf den Double-Stroke Roll auswirkt, siehst du in folgender Übung.

Double-Stroke Roll 1.11 (5er-Gruppe)

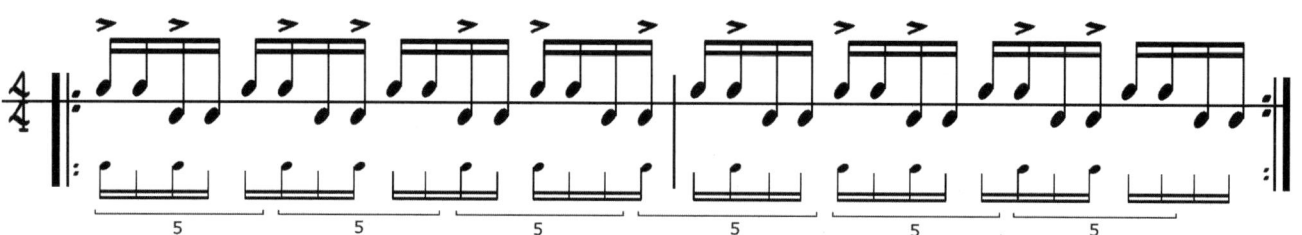

Im *Lesetext* siehst du die *5er-Gruppe* über vier Takte ausnotiert. Übe die 5er-Gruppen auch über diese vier Takte.

Bei *7er-Gruppen* ist es sehr verbreitet, Akzente auf dem *ersten, dritten* und *fünften* Schlag jeder 7er-Gruppe zu spielen. Wie dies sich auf den Double-Stroke Roll auswirkt, siehst du in Übung **Double-Stroke Roll 1.12**.

Double-Stroke Roll 1.12 (7er-Gruppe)

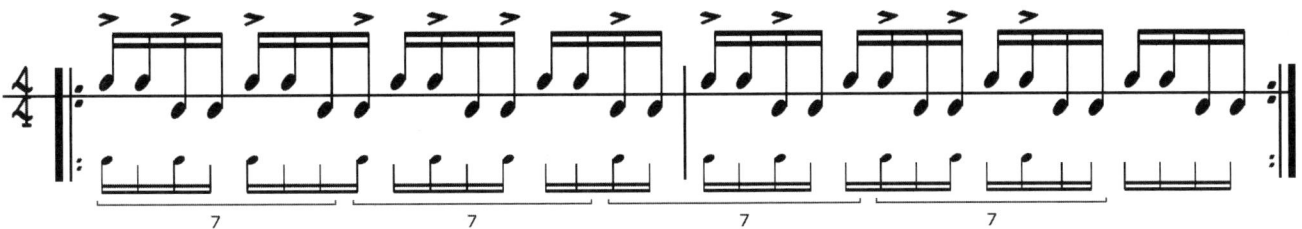

Im *Lesetext* siehst du die *7er-Gruppe* über vier Takte ausnotiert. Übe die 7er-Gruppen auch über diese vier Takte.

Gut zu wissen:

3er-Gruppen gehen nach *drei Takten* auf.
5er-Gruppen gehen nach *fünf Takten* auf.
7er-Gruppen gehen nach *sieben Takten* auf.

Dies geschieht unabhängig von der Taktart! Also auch im *5/4-Takt* geht eine 3er-Gruppe nach drei Takten auf.

Ausnahme:

Alle Taktarten, bei denen der Zähler der Taktart der Zahl der Gruppe gleicht. Hier wiederholt sich die jeweilige Gruppe bereits *nach einem Takt*.

Beispiele:

3er-Gruppe im *3/4-Takt*
5er-Gruppe im *5/8-Takt* usw.

Es gibt natürlich auch verschiedene *andere* Akzentuierungen für *3er-, 5er-* und *7er-Gruppen*. **Lesetext 5: Sechzehntelnoten – 3/5/7 Groups of 2** zeigt eine weitere Art. Hier gibt es im Unterschied zu vorher nun auch *zwei* aufeinander folgende Akzente.

Bei der *3er-Gruppe* spielst du zwei Akzente auf dem *ersten* und *dritten* Schlag jeder 3er-Gruppe.

Double-Stroke Roll 1.13 (3er-Gruppe)

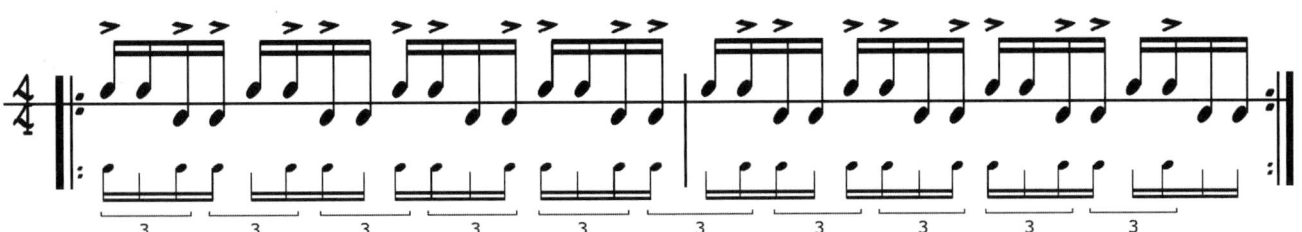

43

Bei der *5er-Gruppe* spielst du drei Akzente auf dem *ersten, dritten* und *fünften* Schlag jeder 5er-Gruppe.

Double-Stroke Roll 1.14 (5er-Gruppe)

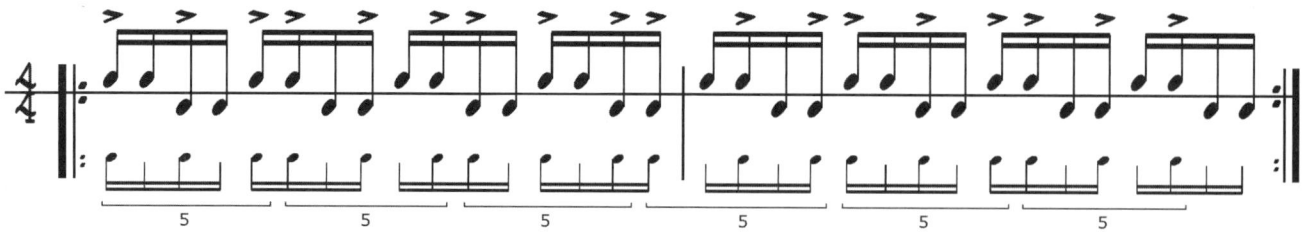

Bei der *7er-Gruppe* spielst du vier Akzente auf dem *ersten, dritten, fünften* und *siebten* Schlag jeder 7er-Gruppe.

Double-Stroke Roll 1.15 (7er-Gruppe)

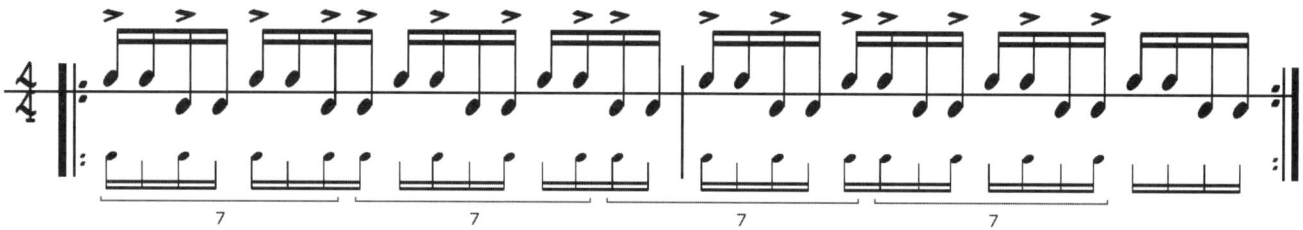

Im *Lesetext* ist die Rhythmik aller Gruppen über vier Takte ausnotiert. Spiele *3er-, 5er-* und *7er-Gruppen* mit dieser Akzentuierung auch über vier Takte.

Foto © Jost Nickel

44

Flams 1

Jetzt wollen wir uns den *Flams* genauer widmen. Die Herangehensweise ist die gleiche wie bei den *Doubles* in diesem Kapitel.

Als Grundlage für die Flams spielst du einen *Single-Stroke Roll* (**R L R L**) und fügst den Lesetexten entsprechend akzentuierte Flams hinzu.

Die ersten drei Übungen basieren auf *Lesetext 1*.

Übung **Flams 1.1** zeigt die ersten beiden Zeilen dieses Lesetextes.

Zur Erinnerung: Im ersten Schritt spielst du jeden Takt *einzeln*, d.h. du *ignorierst* die eingeklammerten Noten im Lesetext.

Flams 1.1

Sobald du die einzelnen Takte gut spielen kannst, fasst du die ersten vier Takte zu einer viertaktigen Übung zusammen. Dabei *spielst* du auch Akzente, wenn du im Lesetext eingeklammerte Noten siehst.

Flams 1.2

Jetzt kommen *Kombinationen aus Einzelakzenten*. **Flams 1.3** zeigt *Zeile 3* von *Lesetext 1*.

Flams 1.3

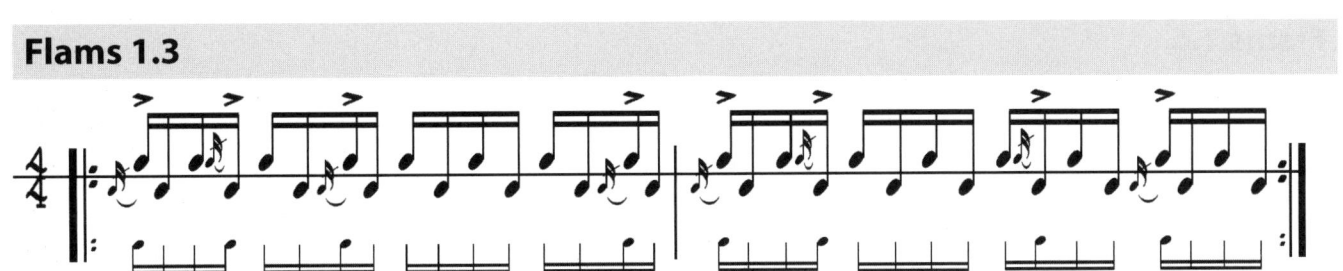

So geht's weiter:

Übe die anderen Akzentuierungen von **Lesetext 1** (*Zeilen 4 bis 10*).

Danach übst du **Lesetext 2**. Hier gibt es im Unterschied zu vorher nun auch *zwei* aufeinander folgende Akzente.

Die Herangehensweise ist unverändert: In Übung **Flams 1.4** spielst du die ersten vier Takte von *Lesetext 2 einzeln*.

Flams 1.4

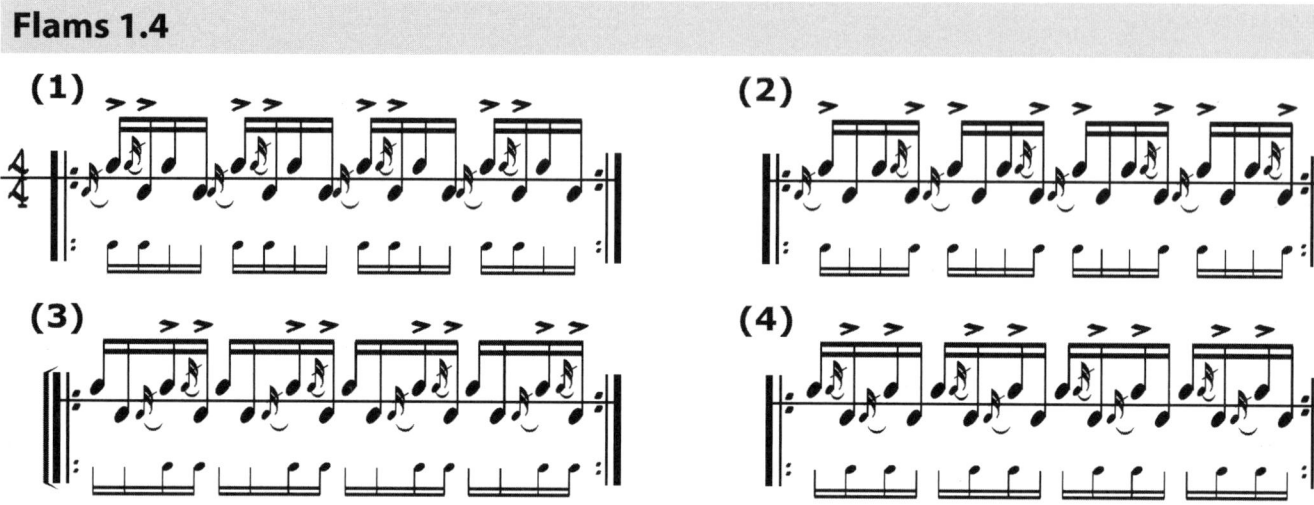

Als Nächstes spielst du die ersten vier Takte hintereinander in einer viertaktigen Übung. Dabei *spielst* du auch Akzente, wenn du im Lesetext eingeklammerte Noten siehst.

Flams 1.5

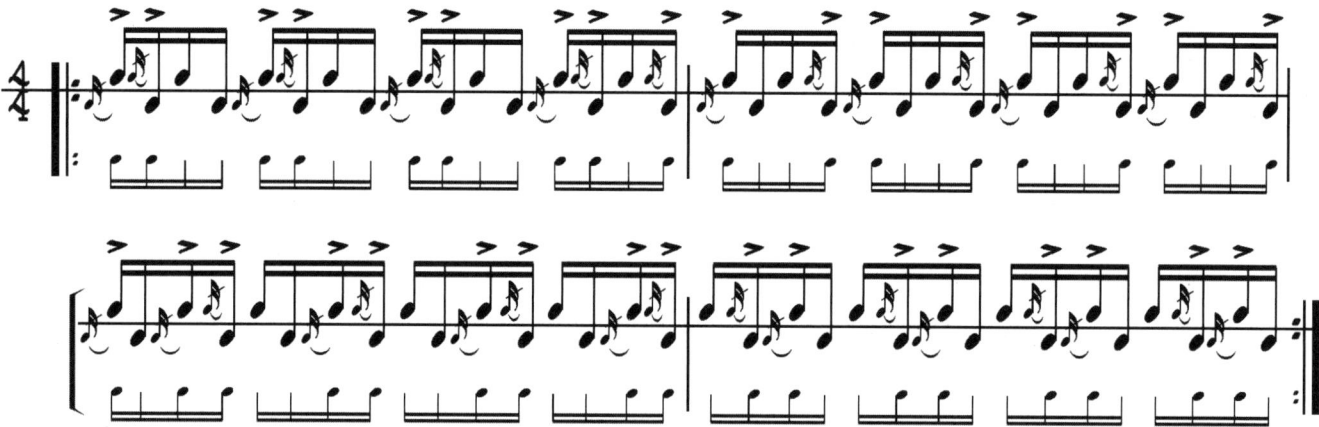

Übung **Flams 1.6** zeigt *Zeile 3* von **Lesetext 2**.

Flams 1.6

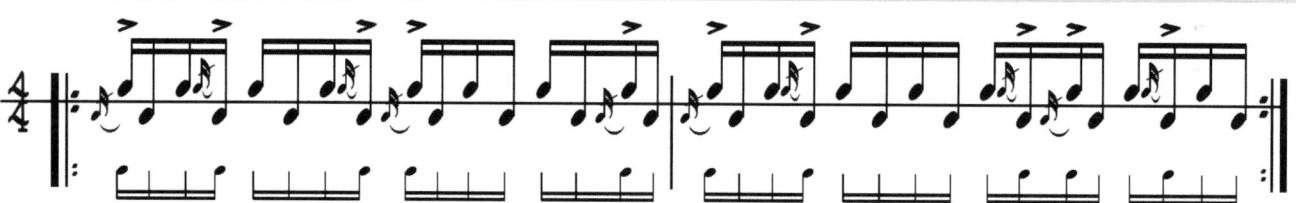

So geht's weiter:

Übe die anderen Akzentuierungen von **Lesetext 2** (*Zeilen 4 bis 10*).

Danach übst du **Lesetext 3**. Hier gibt es im Unterschied zu vorher nun auch *drei oder mehr* aufeinander folgende Akzente.

Die Herangehensweise ist unverändert: In Übung **Flams 1.7** spielst du die ersten vier Takte von **Lesetext 3** *einzeln*.

Flams 1.7

Als Nächstes spielst du die ersten vier Takte hintereinander in einer viertaktigen Übung. Um nicht mehr als drei Akzente hintereinander zu spielen, spielen wir *keinen* Akzent auf dem letzten Sechzehntel von *Takt 4* (*siehe **Flams 1.8***).

Flams 1.8

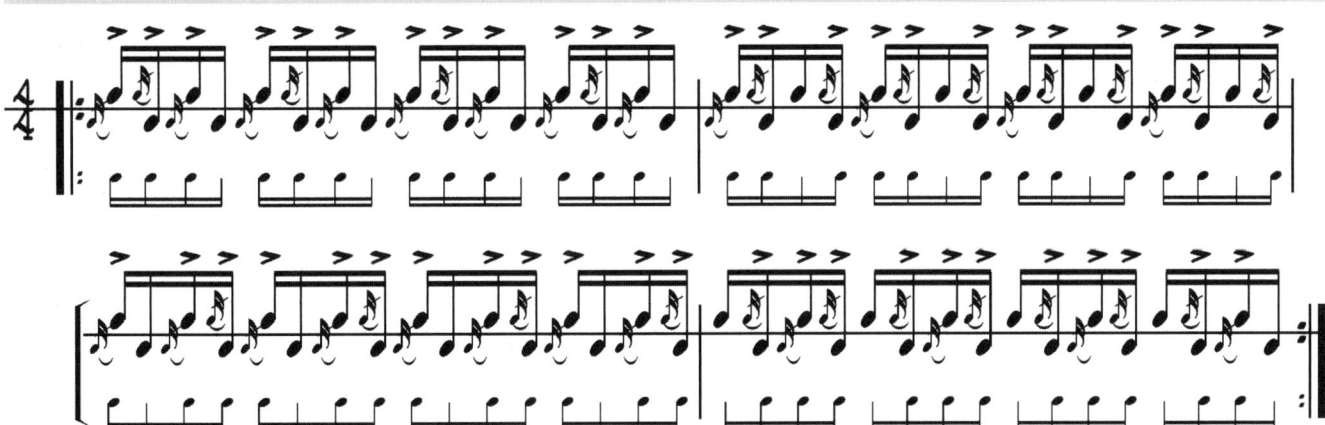

Übung **Flams 1.9** zeigt *Zeile 3* von **Lesetext 3**.

Flams 1.9

47

So geht's weiter:

Übe die anderen Akzentuierungen von **Lesetext 3** (*Zeilen 4 bis 10*).

Danach übst du **Lesetext 4**, bei dem es um *3er-, 5er-* und *7er-Gruppen* geht.

Übung **Flams 1.10** zeigt die Rhythmik von *3er-Gruppen* gespielt als Flams.

Flams 1.10 (3er-Gruppe)

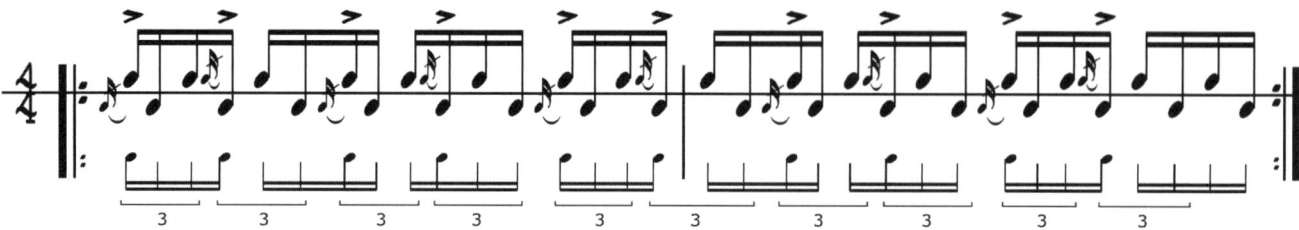

Im Lesetext siehst du die 3er-Gruppe über vier Takte ausnotiert. Übe die 3er-Gruppen auch über diese vier Takte.

Bei *5er-Gruppen* ist es sehr verbreitet, Akzente auf dem *ersten* und *dritten Schlag* jeder 5er-Gruppe zu spielen. *Flams 1.11* zeigt 5er-Gruppen als Flams.

Flams 1.11 (5er-Gruppe)

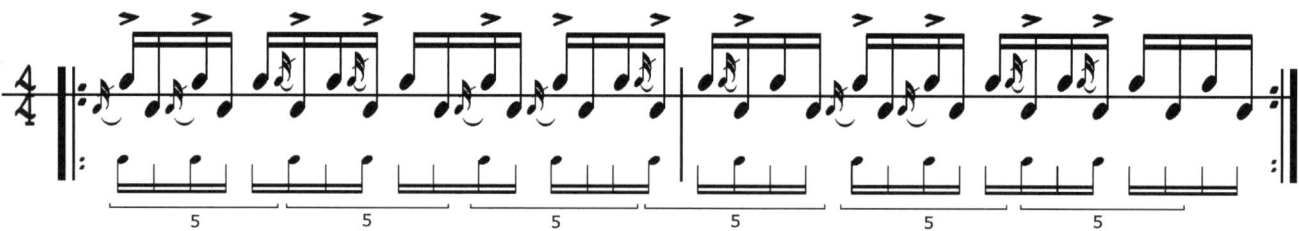

Im Lesetext siehst du die 5er-Gruppe über vier Takte ausnotiert. Übe die 5er-Gruppen auch über diese vier Takte.

Bei *7er-Gruppen* ist es sehr verbreitet, Akzente auf dem *ersten, dritten* und *fünften* Schlag jeder 7er-Gruppe zu spielen. *Flams 1.12* zeigt 7er-Gruppen als Flams.

Flams 1.12 (7er-Gruppe)

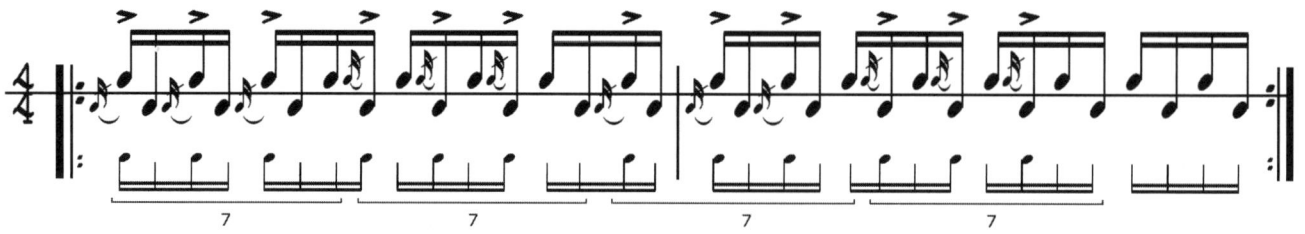

Im Lesetext siehst du die 7er-Gruppe über vier Takte ausnotiert. Übe die 7er-Gruppen auch über diese vier Takte.

48

Es gibt natürlich auch verschiedene andere Akzentuierungen für 3er-, 5er- und 7er-Gruppen. *Lesetext 5* zeigt eine weitere Art. Hier gibt es im Unterschied zu vorher nun auch zwei aufeinander folgende Akzente.

Bei der *3er-Gruppe* spielst du zwei Akzente auf dem *ersten* und *dritten* Schlag jeder 3er-Gruppe.

Flams 1.13 (3er-Gruppe)

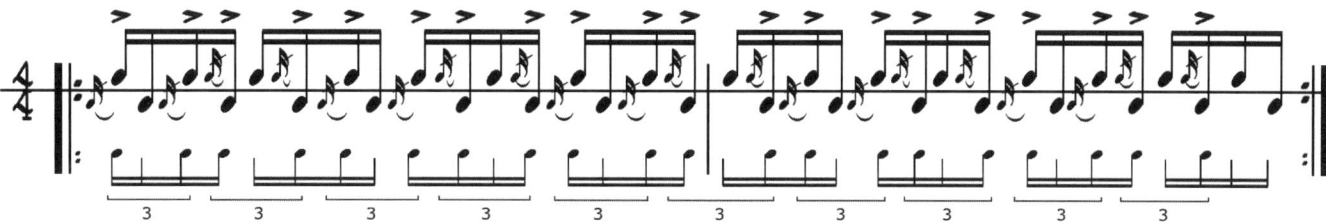

Bei der *5er-Gruppe* spielst du drei Akzente auf dem *ersten, dritten* und *fünften* Schlag jeder 5er-Gruppe.

Flams 1.14 (5er-Gruppe)

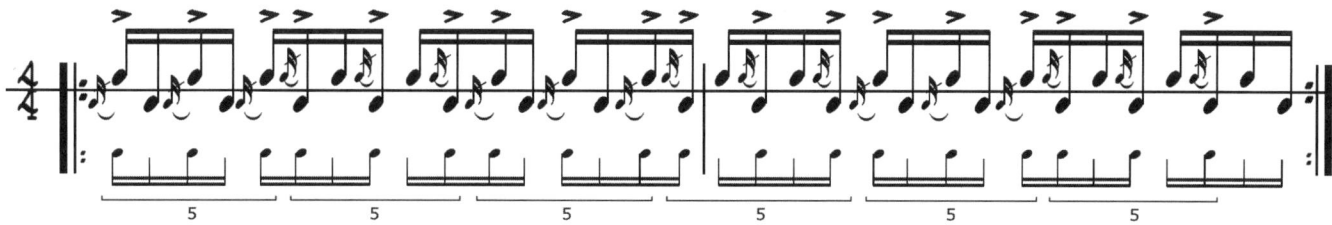

Bei der *7er-Gruppe* spielst du vier Akzente auf dem *ersten, dritten, fünften* und *siebten* Schlag jeder 7er-Gruppe.

Flams 1.15 (7er-Gruppe)

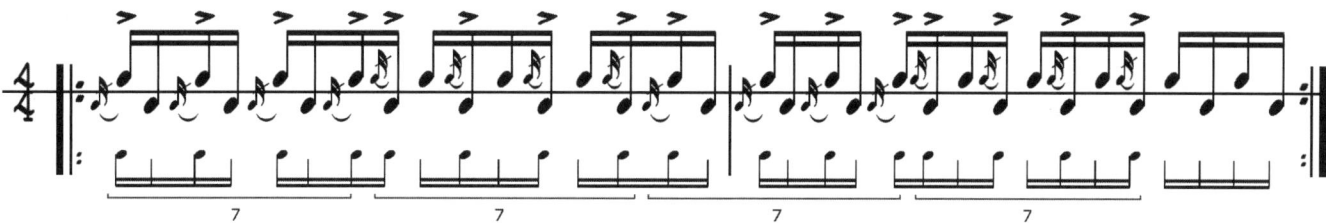

Im Lesetext ist die Rhythmik aller Gruppen über vier Takte ausnotiert. Spiele *3er-, 5er-* und *7er-Gruppen* mit dieser Akzentuierung auch über vier Takte.

Nachdem du alle Lesetexte mit Flams geübt hast, folgt hier eine kleine Änderung der Akzentuierung der Flams, die es durchaus in sich hat.

Flams 2

Die Handsätze bleiben unverändert, aber jetzt löst du die Akzentuierung von den Flams und spielst stattdessen *auf jedem Viertel* einen Akzent.

Klingt erst einmal nicht allzu kompliziert, ist aber in der Realität gar nicht so einfach, weil wir daran gewöhnt sind, jeden Flam zu akzentuieren.

Wenn du dies übst, nutze wieder die *Lesetexte 1 bis 5* als rhythmische Grundlage.

Um Missverständnisse zu vermeiden, hier ein paar ausgewählte Übungen mit der neuen Akzentuierung.

Flams 2.1 zeigt die ersten vier Takte von **Lesetext 1**.

Das Sticking ist dasselbe wie in Übung **Flams 1.2** auf *Seite 45*. Mit dem Unterschied, dass nun die *Viertel* akzentuiert werden.

Flams 2.1 (Viertelakzente)

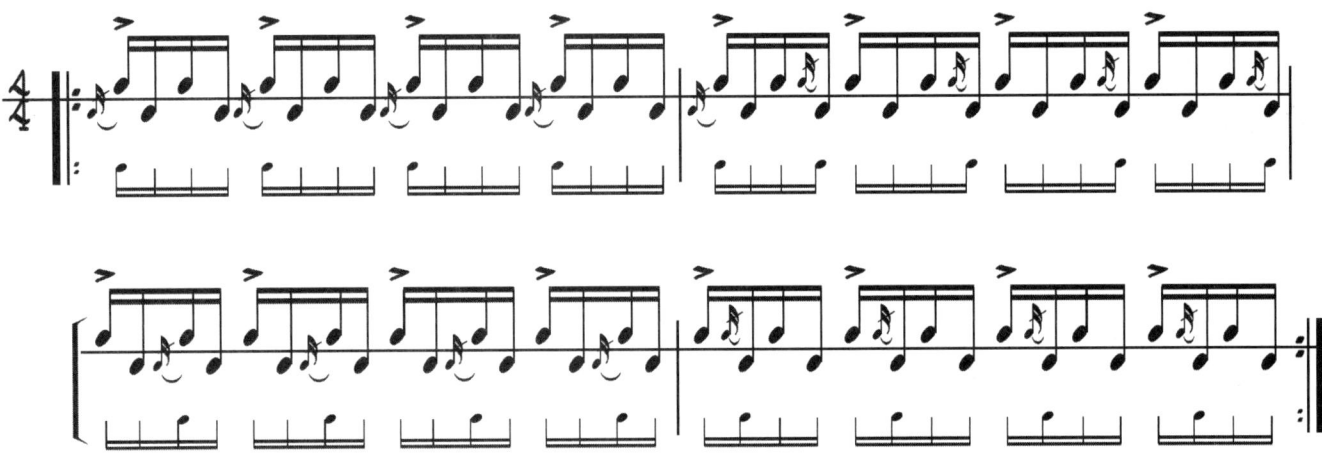

Flams 2.2 zeigt die ersten vier Takte von **Lesetext 2**.

Das Sticking ist dasselbe wie in Übung **Flams 1.5** auf *Seite 46*. Aber, wie schon gesagt: Die *Viertel* werden nun akzentuiert.

Flams 2.2 (Viertelakzente)

50

Flams 2.3 zeigt *Zeile 3* von **Lesetext 3**.

Das Sticking ist dasselbe wie in Übung **Flams 1.9** auf *Seite 47*.

Flams 2.3

Flams 2.4 zeigt die ersten beiden Takte der *3er-Gruppen* von **Lesetext 4**.

Das Sticking ist dasselbe wie in Übung **Flams 1.10** auf *Seite 48*.

Flams 2.4 (3er-Gruppe)

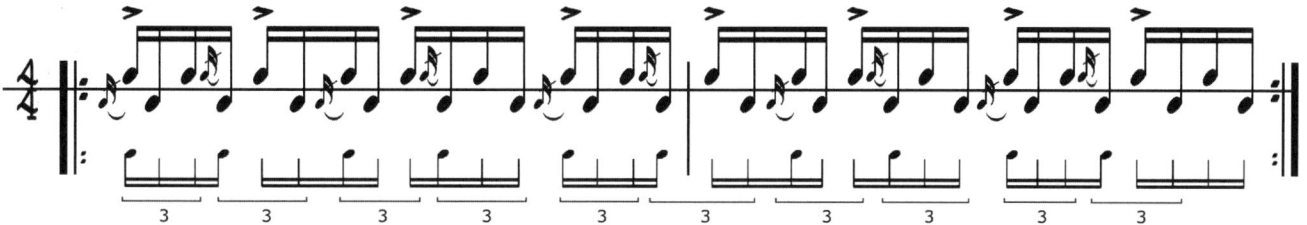

Flams 2.5 zeigt die ersten beiden Takte der *5er-Gruppen* von **Lesetext 4**.

Das Sticking ist dasselbe wie in Übung **Flams 1.11** auf *Seite 48*.

Flams 2.5 (5er-Gruppe)

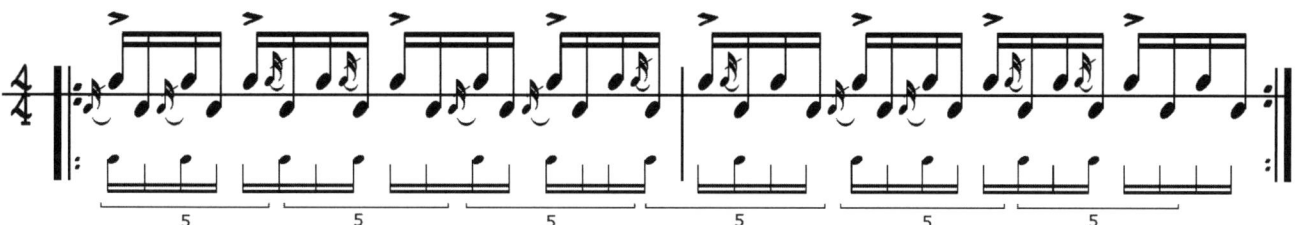

Flams 2.6 zeigt die ersten beiden Takte der *7er-Gruppen* von **Lesetext 4**.

Das Sticking ist dasselbe wie in Übung **Flams 1.12** auf *Seite 48*.

Flams 2.6 (7er-Gruppe)

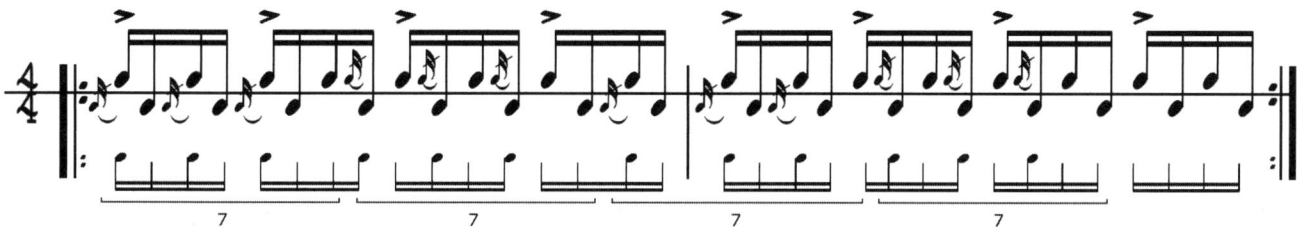

Ich bin mir sicher, dass die Idee dir nun klar ist. Bei Interesse kannst du auch alle weiteren Akzentuierungen aus den *Lesetexten 1 bis 5* üben.

Multiple Strokes

Immer wenn du im Lesetext einen *Akzent (Notenkopf)* siehst, spielst du *einhändige Sechzehntel* mit betontem ersten Schlag. Sobald du einen *weiteren Akzent* im Lesetext siehst, übernimmt deine *andere Hand* und spielt wiederum bis zum nächsten Akzent *einhändige Sechzehntel*. Die Anzahl der zu spielenden Schläge pro Hand hängt von der Akzentuierung ab.

Die ersten drei Übungen basieren auf *Lesetext 1*.

Multiple Strokes 1 zeigt die ersten beiden Zeilen dieses Lesetextes.

Zur Erinnerung: Im ersten Schritt spielst du jeden Takt *einzeln*, d.h. du *ignorierst* die eingeklammerten Noten im Lesetext.

Multiple Strokes 1

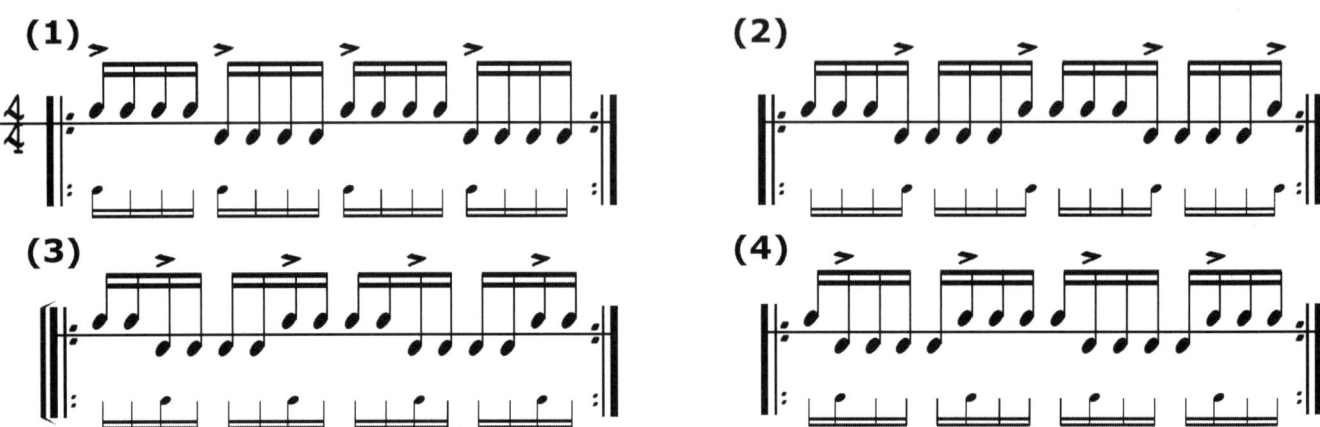

Sobald du die einzelnen Takte gut spielen kannst, verbindest du sie zu einer langen Übung, in der du jeden Takt bzw. jede Akzentuierung nur einmal spielst.

Wie du in Übung *Multiple Strokes 2* siehst, führt dies zu einer achttaktigen Übung. Die rhythmische Grundlage (die Akzentuierung) wiederholt sich nach vier Takten, wobei in *Takt 1* die *rechte* Hand beginnt, während bei der Wiederholung ab *Takt 5* die *linke* Hand beginnt.

Multiple Strokes 2

Nachdem du jetzt alle vier Möglichkeiten kennengelernt hast, einen Akzent pro Viertel zu spielen, spielst du *Kombinationen aus Einzelakzenten*. **Multiple Strokes 3** zeigt *Zeile 3* von **Lesetext 1**.

Multiple Strokes 3

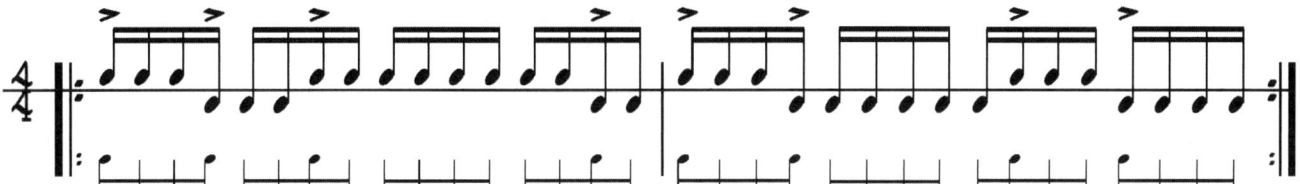

> *So geht's weiter:*
> Übe die anderen Akzentuierungen von **Lesetext 1** (*Zeilen 4 bis 10*).
> Danach übst du **Lesetext 2.** Hier gibt es im Unterschied zu vorher nun auch *zwei* aufeinander folgende Akzente.

Die Herangehensweise ist unverändert: In Übung **Multiple Strokes 4** spielst du die ersten vier Takte von **Lesetext 2** einzeln.

Multiple Strokes 4

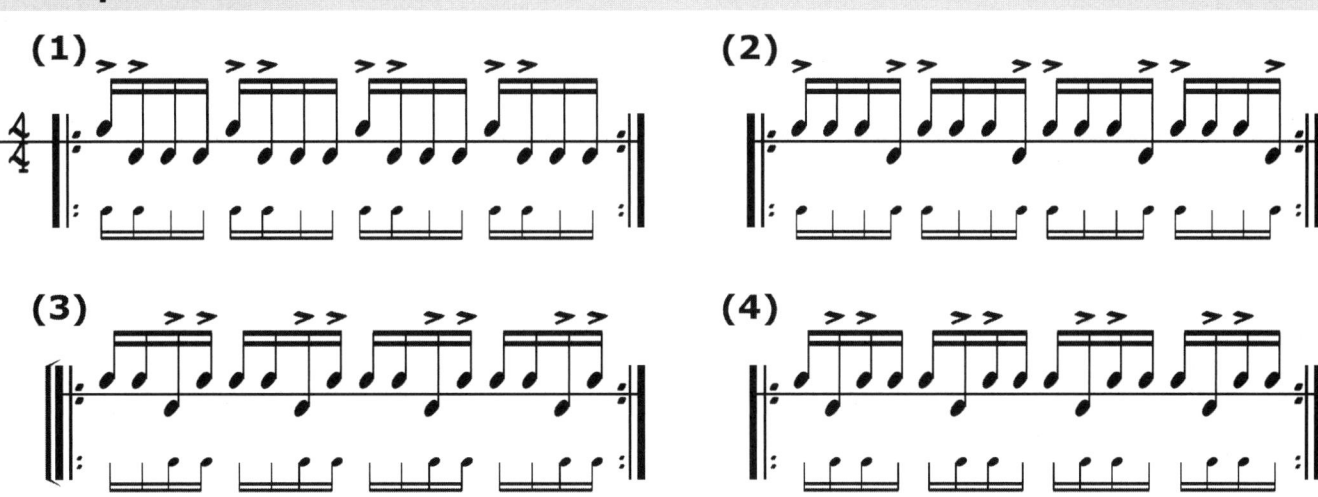

Als Nächstes spielst du die ersten vier Takte hintereinander in einer viertaktigen Übung. Dabei *spielst* du auch Akzente, wenn du im Lesetext eingeklammerte Noten siehst.

Multiple Strokes 5

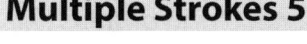

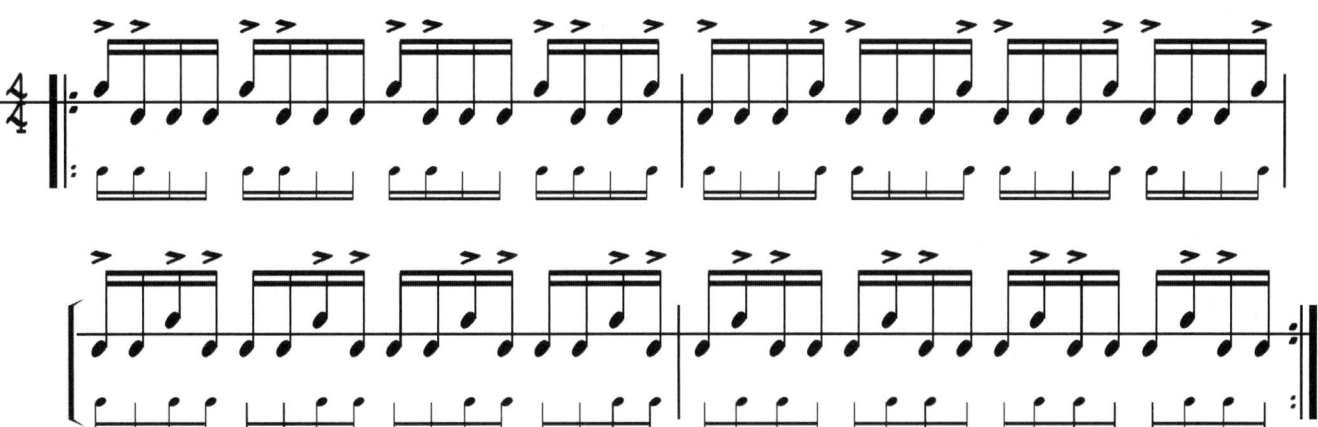

Multiple Strokes 6 zeigt *Zeile 3* von *Lesetext 2*.

Multiple Strokes 6

So geht's weiter:

Übe die anderen Akzentuierungen von **Lesetext 2** (*Zeilen 4 bis 10*).

Wir überspringen (!) **Lesetext 3**, da die Kombination aus Lesetext und Übung zu keinem besonders gutem Ergebnis führt.

Stattdessen übst du **Lesetext 4**, bei dem es um *3er-, 5er-* und *7er-Gruppen* geht.

Multiple Strokes 7 zeigt die Rhythmik von *3er-Gruppen* gespielt mit *Multiple Strokes*.

Multiple Strokes 7 (3er-Gruppe)

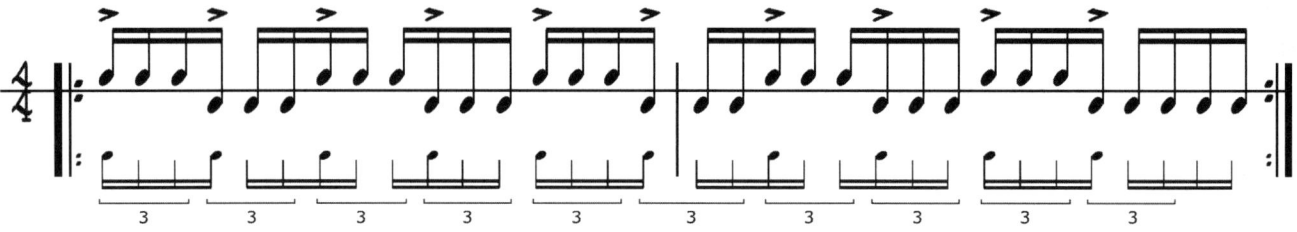

Wie immer gilt: Im Lesetext ist die Rhythmik aller Gruppen über vier Takte ausnotiert. Spiele *3er-, 5er-* und *7er-Gruppen* in Verbindung mit *Multiple Strokes* auch über vier Takte.

Wie du bereits weißt, ist es bei *5er-Gruppen* sehr verbreitet, Akzente auf dem *ersten* und *dritten* Schlag jeder 5er-Gruppe zu spielen. **Multiple Strokes 8** zeigt *5er-Gruppen* über zwei Takte.

Multiple Strokes 8 (5er-Gruppe)

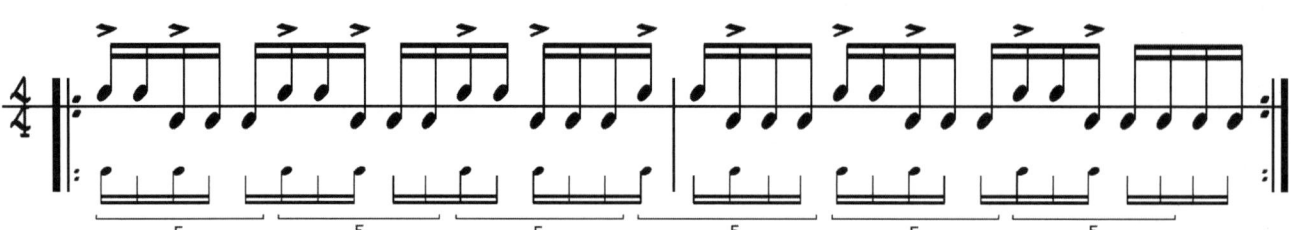

Ebenfalls bereits bekannt ist, dass bei *7er-Gruppen* sehr häufig Akzente auf dem *ersten, dritten* und *fünften* Schlag jeder *7er-Gruppe* gespielt werden. **Multiple Strokes 9** zeigt 7er-Gruppen über zwei Takte.

Multiple Strokes 9 (7er-Gruppe)

Lesetext 5 wird ebenfalls übersprungen, da die Kombination aus Lesetext und Übung meiner Meinung nach nicht gut funktioniert.

Foto © Gerhard Kühne

55

Ruffs

Die Inspiration zu den nächsten Übungen kommt vom
3-Stroke Ruff. Die drei Schläge des 3-Stroke Ruff bestehen
aus zwei Vorschlägen und einem Hauptschlag – alle als Einzelschläge gespielt.

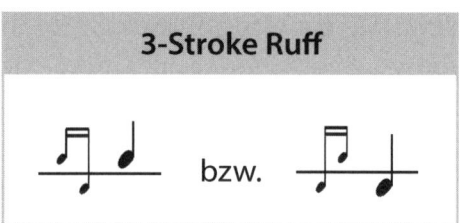

3-Stroke Ruff

Bei der traditionellen Variante des Ruff ist der Akzent auf dem *dritten* Schlag. In meinem täglichen
Leben als Drummer spiele ich aber oft den Akzent auch auf dem ersten und seltener auch auf dem
zweiten Schlag des Ruff.

Bevor wir Ruffs mit den verschiedenen Lesetexten kombinieren, hier vier vorbereitende Übungen.

In **Ruffs 1** spielst du in *Zeile 1* einen *Double-Stroke Roll*. In *Zeile 2* behältst du den Roll bei und fügst
mit der *linken* Hand pro Viertel einen Schlag hinzu.

Ruffs 1

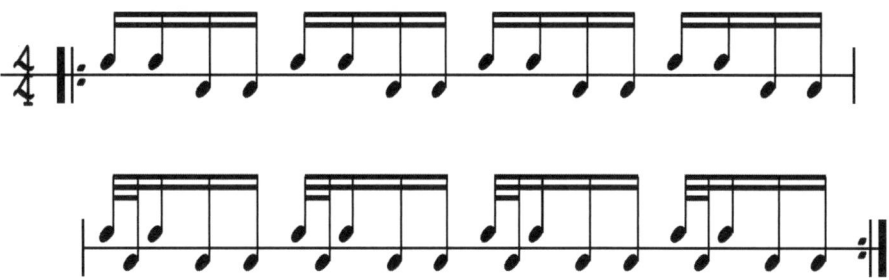

In **Ruffs 2** spielst du in *Zeile 1* wieder einen *Double-Stroke Roll*, fügst in *Zeile 2* nun aber mit der
rechten Hand pro Viertel einen Schlag hinzu.

Ruffs 2

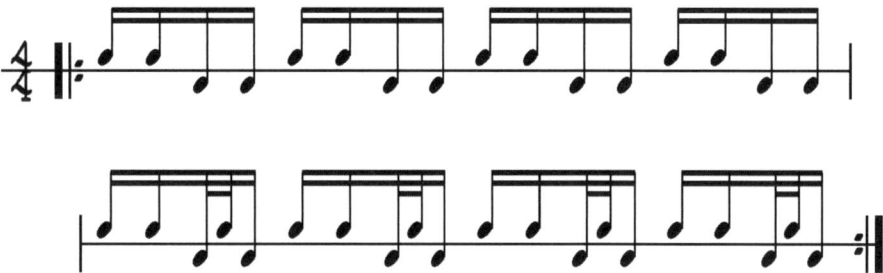

In **Ruffs 3** fügst du in *Zeile 2* mit *beiden* Händen Schläge zum *Double-Stroke Roll* hinzu.

Ruffs 3

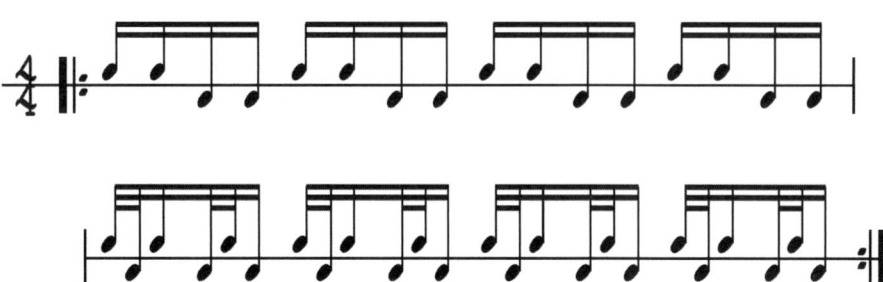

Ruffs 4 ist eine *Kombination* aus den Übungen *Ruffs 1 bis Ruffs 3*.

Ruffs 4

Als rhythmische Grundlage für die folgenden Ruff-Übungen dienen die *Lesetexte*. Die Herangehensweise ist unverändert, wobei auch bei den Ruffs nicht alle Lesetexte zum Einsatz kommen.

Die ersten drei Übungen basieren auf **Lesetext 1**.

Ruffs 5 zeigt die ersten beiden Zeilen dieses Lesetextes.

Zur Erinnerung: Im ersten Schritt spielst du jeden Takt *einzeln*, d.h. du *ignorierst* die eingeklammerten Noten im Lesetext.

Alle folgenden Ruff-Übungen werden mit *Einzelschlägen* gespielt. Es gibt keinerlei Doppelschläge.

Ruffs 5

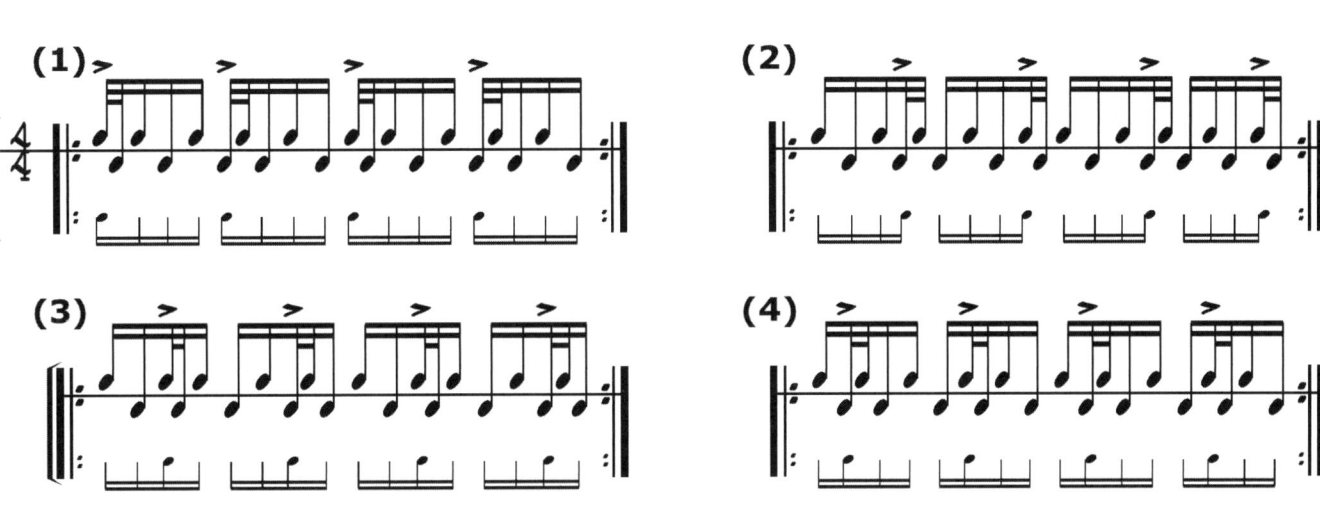

Sobald du die einzelnen Takte gut spielen kannst, verbindest du sie zu einer langen Übung, in der du jeden Takt bzw. jede Akzentuierung nur einmal spielst.

Wie du in **Ruffs 6** siehst, führt dies zu einer achttaktigen Übung.

Die rhythmische Grundlage (die Akzentuierung) wiederholt sich nach vier Takten, wobei in *Takt 1* die *rechte* Hand beginnt, während bei der Wiederholung ab *Takt 5* die *linke* Hand beginnt.

Ruffs 6

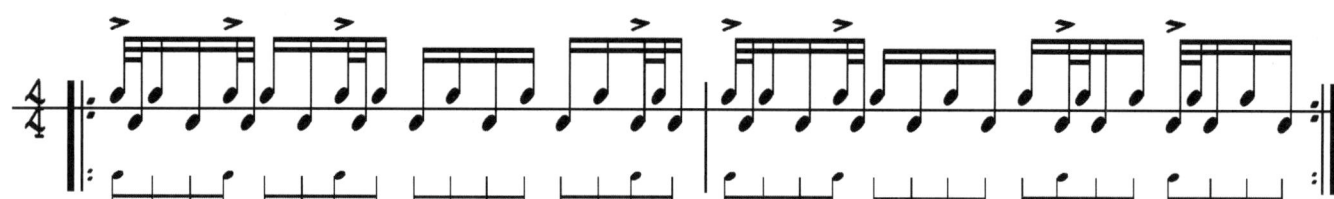

Nachdem du jetzt alle vier Möglichkeiten kennengelernt hast, einen Akzent pro Viertel zu spielen, spielst du *Kombinationen aus Einzelakzenten*.

Beispiel **Ruffs 7** zeigt *Zeile 3* von **Lesetext 1**.

Ruffs 7

So geht's weiter:

Übe die anderen Akzentuierungen von **Lesetext 1** (*Zeilen 4 bis 10*).

Wir überspringen **Lesetext 2** und **Lesetext 3**.

Warum überspringen wir diese? Bei den Ruffs spielst du auf jedem Akzent des Lesetextes zwei 32tel-Noten. Dies sind die ersten beiden Schläge des 3-Stroke Ruff. Wenn wir nun also zwei oder mehr aufeinander folgende Akzente in den Lesetexten haben (wie in denen, die wir überspringen), und du auf jedem der Akzente zwei 32tel-Noten spielst, ist das eventuell eine gute Übung aber eben kein 3-Stroke Ruff mehr.

Stattdessen spielst du **Lesetext 4**, bei dem es um *3er-, 5er- und 7er-Gruppen* geht.

Ruffs 8 zeigt die ersten beiden Takte von *3er-Gruppen* als Ruffs gespielt.

Ruffs 8 (3er-Gruppe)

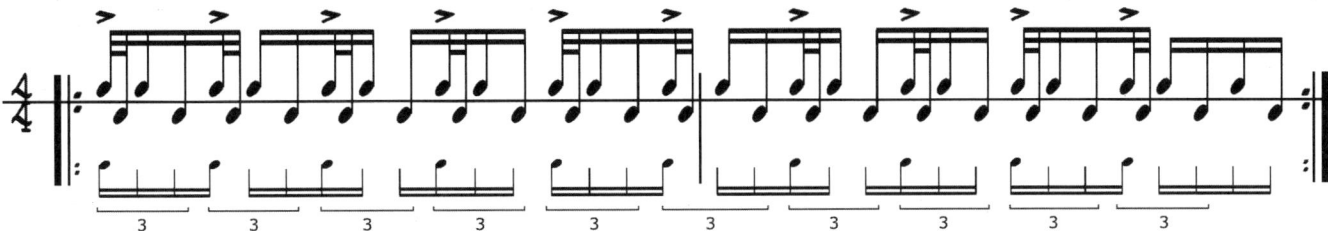

Wie immer gilt: Im Lesetext ist die Rhythmik aller Gruppen über vier Takte ausnotiert. Spiele *3er-, 5er-* und *7er-Gruppen* in Verbindung mit Ruffs auch über vier Takte.

Wie bereits bekannt, ist es bei 5er-Gruppen sehr verbreitet, Akzente auf dem *ersten* und *dritten* Schlag jeder 5er-Gruppe zu spielen. *Ruffs 9* zeigt *5er-Gruppen* über zwei Takte.

Ruffs 9 (5er-Gruppe)

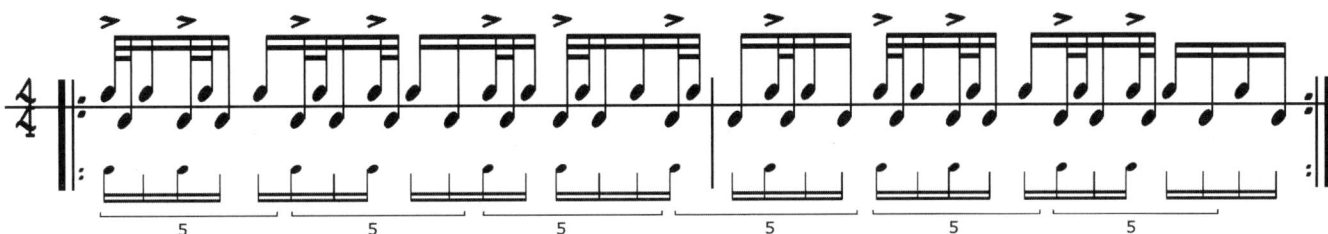

Ebenfalls bereits bekannt ist, dass bei *7er-Gruppen* sehr häufig Akzente auf dem *ersten, dritten* und *fünften* Schlag jeder 7er-Gruppe gespielt werden. *Ruffs 10* zeigt *7er-Gruppen* über zwei Takte.

Ruffs 10 (7er-Gruppe)

Lesetext 5 wird aus den gleichen Gründen übersprungen wie die *Lesetexte 2 und 3*.

Am Ende dieses Abschnittes über „3-Stroke Ruffs" möchte ich auf die bereits angedeutete Akzentuierung des zweiten Schlages innerhalb des Ruffs zurückkommen.

Als Basis dafür dient Übung *Ruffs 8*, bei der du Ruffs als *3er-Gruppen* gespielt hast. Jetzt ändert sich die Akzentuierung so, dass *alle Schläge der linken Hand* betont werden.

In *Takt 1* der Übung *Ruffs 11* spielst du Ruffs in 3er-Gruppen mit Betonung auf dem jeweils *ersten* Schlag und endest auf der „4".

In *Takt 2* akzentuierst du bei den Ruffs alle Schläge der *linken* Hand. Ansonsten sind die Takte 1 und 2 identisch.

Ruffs 11

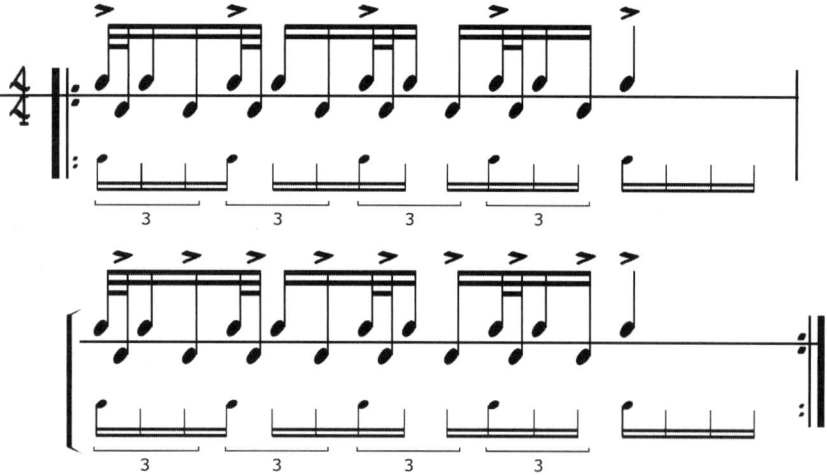

Allein dadurch, dass du die Akzentuierung änderst, klingt der Ruff erheblich anders.

Die *linke* Hand akzentuiert 3er-Gruppen in 32tel-Noten beginnend mit der *zweiten* 32tel-Note im Takt. Dies klingt kompliziert, sieht auch so aus und ist hier nur zur Verdeutlichung ausnotiert:

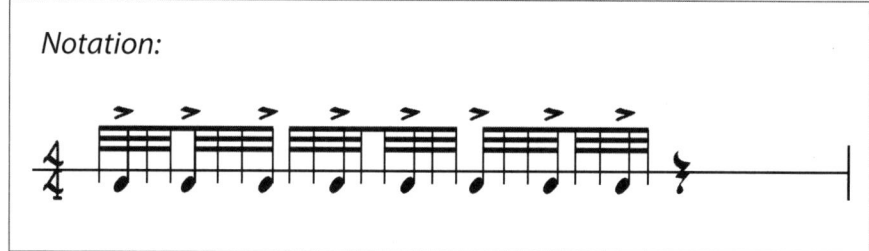

Bevor du die Akzentuierung geändert hast, hast du mit der linken Hand dasselbe gespielt. Durch die neue Akzentuierung wird das aber erst deutlich.

Natürlich kannst du die 3er-Gruppen mit der neuen Akzentuierung auch über zwei (oder mehr) Takte spielen. *Ruffs 12* zeigt 3er-Gruppen über zwei Takte, bei denen du als Abschluss im zweiten Takt einen Akzent auf der „4+" spielst (*siehe Graumarkierung*).

Ruffs 12

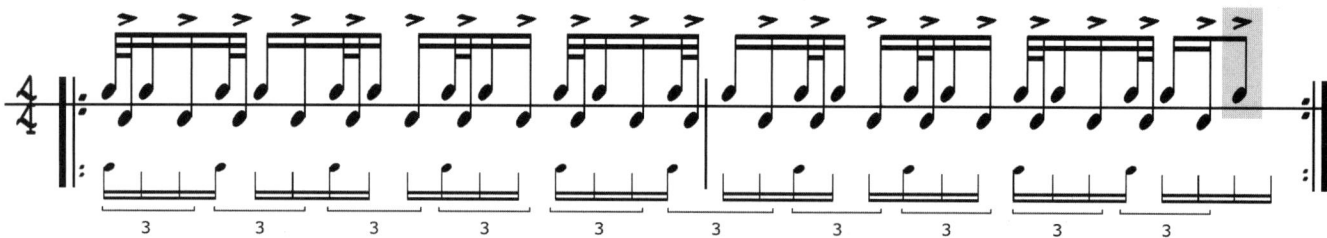

60

4-Stroke Ruffs

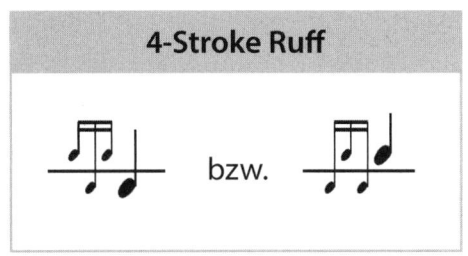

4-Stroke Ruffs sind drei als Einzelschläge gespielte Vorschläge gefolgt von einem Hauptschlag.

Die kommenden Übungen basieren auf einem in Sechzehntelnoten gespielten *Single-Stroke Roll* (**R L R L**), dem du den Lesetexten entsprechend Akzente hinzufügst.

Vor jedem dieser Akzente spielst du drei Vorschläge beginnend auf dem Sechzehntel davor. (Diese drei Vorschläge sind also genauso lang wie eine Sechzehntelnote.) Falls in den Lesetexten zwei oder mehr aufeinander folgende Akzente vorkommen, spielst du die drei Vorschläge nur vor dem ersten dieser Akzente.

Alle kommenden Ruff-Übungen werden mit Einzelschlägen gespielt. Es gibt keinerlei Doppelschläge.

Die ersten drei Übungen basieren auf *Lesetext 1*.

4-Stroke Ruffs 1 zeigt die ersten beiden Zeilen dieses Lesetextes.

Zur Erinnerung: Im ersten Schritt spielst du jeden Takt *einzeln*, d.h. du *ignorierst* die *eingeklammerten* Noten im Lesetext.

4-Stroke Ruffs 1

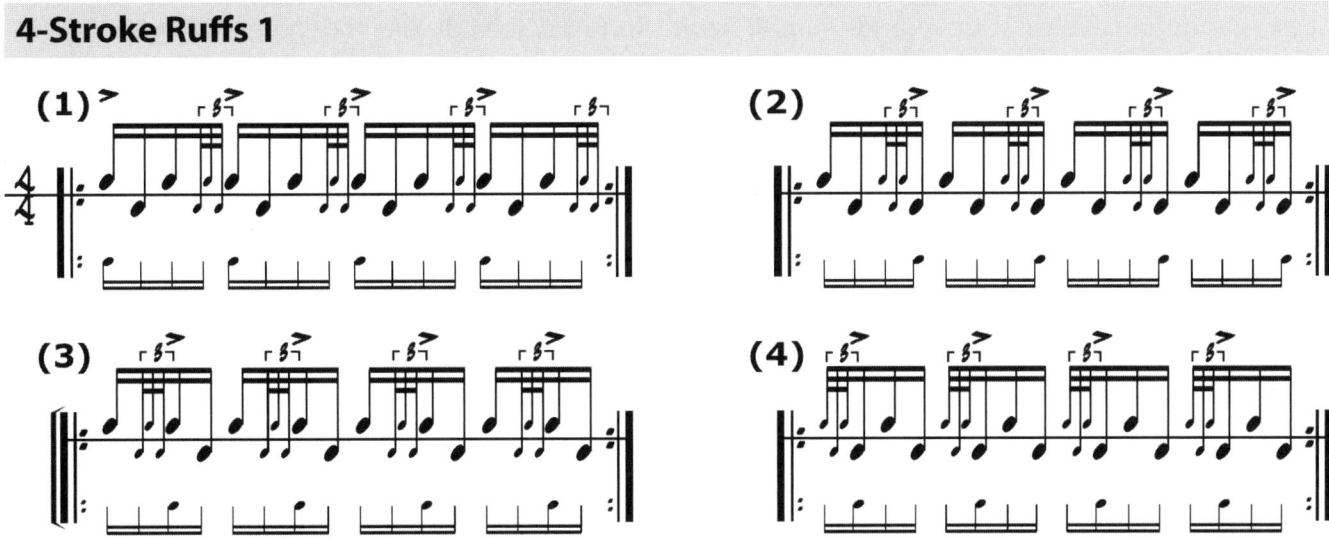

Sobald du die einzelnen Takte gut spielen kannst, fasst du die ersten vier Takte zu einer viertaktigen Übung zusammen. Dabei *spielst* du auch Akzente, wenn du im Lesetext eingeklammerte Noten siehst.

4-Stroke Ruffs 2

61

Nachdem du jetzt alle vier Möglichkeiten kennengelernt hast, einen Akzent pro Viertel zu spielen, spielst du *Kombinationen aus Einzelakzenten*.
4-Stroke Ruffs 3 zeigt *Zeile 3* von **Lesetext 1**.

4-Stroke Ruffs 3

> *So geht's weiter:*
> Übe die anderen Akzentuierungen von **Lesetext 1** (*Zeilen 4 bis 10*).
> Danach übst du **Lesetext 2**. Hier gibt es im Unterschied zu vorher nun auch *zwei* aufeinander folgende Akzente.

Die Herangehensweise ist unverändert: In *4-Stroke Ruffs 4* spielst du die ersten vier Takte von **Lesetext 2** *einzeln*.

4-Stroke Ruffs 4

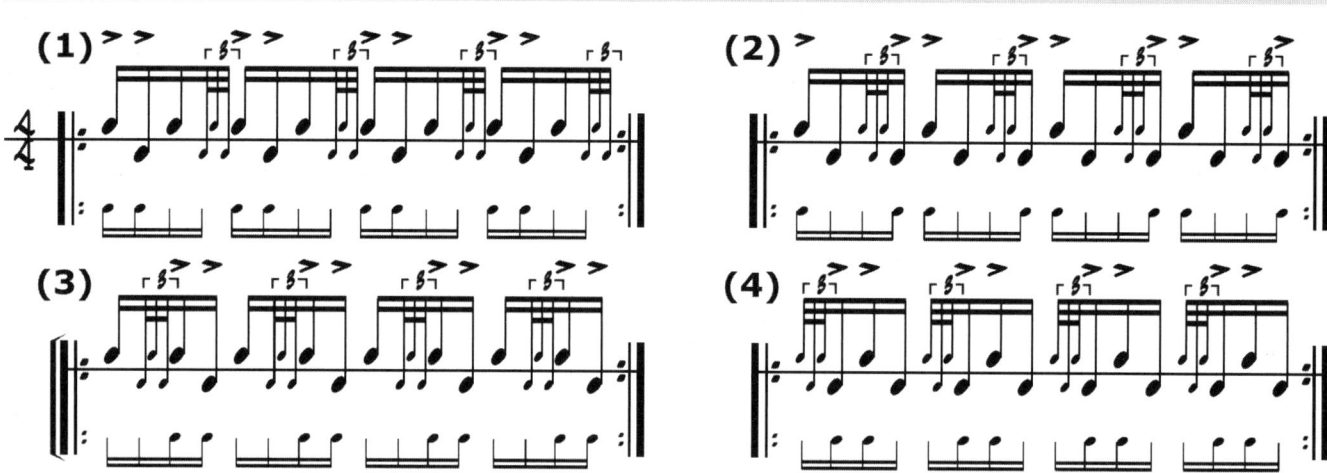

Als Nächstes spielst du die ersten vier Takte hintereinander in einer viertaktigen Übung. Dabei *spielst* du auch Akzente, wenn du im Lesetext eingeklammerte Noten siehst.

4-Stroke Ruffs 5

4-Stroke Ruffs 6 zeigt *Zeile 3* von *Lesetext 2*.

4-Stroke Ruffs 6

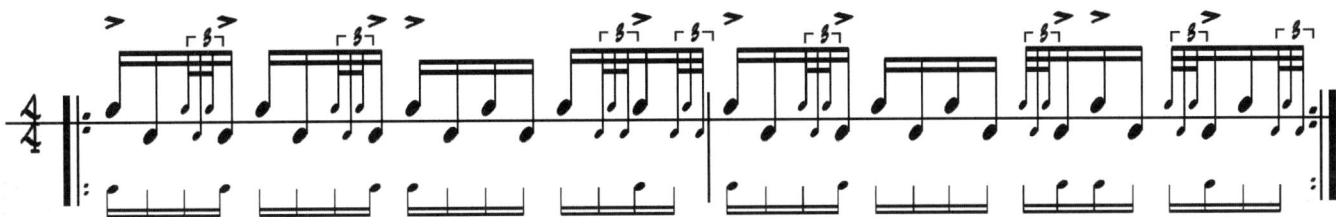

> *So geht's weiter:*
> Übe die anderen Akzentuierungen von **Lesetext 2** (*Zeilen 4 bis 10*).
> Danach übst du **Lesetext 3**. Hier gibt es im Unterschied zu vorher *drei oder mehr* aufeinander folgende Akzente.

Die Herangehensweise ist unverändert: In **4-Stroke Ruffs 7** spielst du die ersten vier Takte von **Lesetext 3** *einzeln*.

4-Stroke Ruffs 7

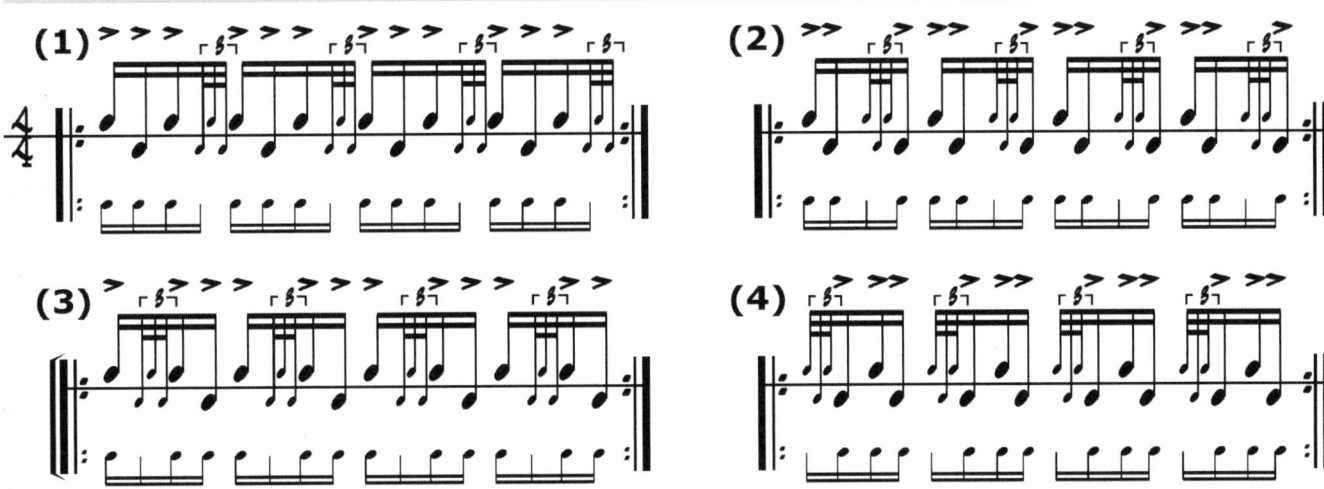

Als Nächstes spielst du die ersten vier Takte hintereinander in einer viertaktigen Übung. Um nicht mehr als drei Akzente hintereinander zu spielen, spielen wir *keinen* Akzent auf dem letzten Sechzehntel von *Takt 4* (*siehe **4-Stroke Ruffs 8***).

4-Stroke Ruffs 8

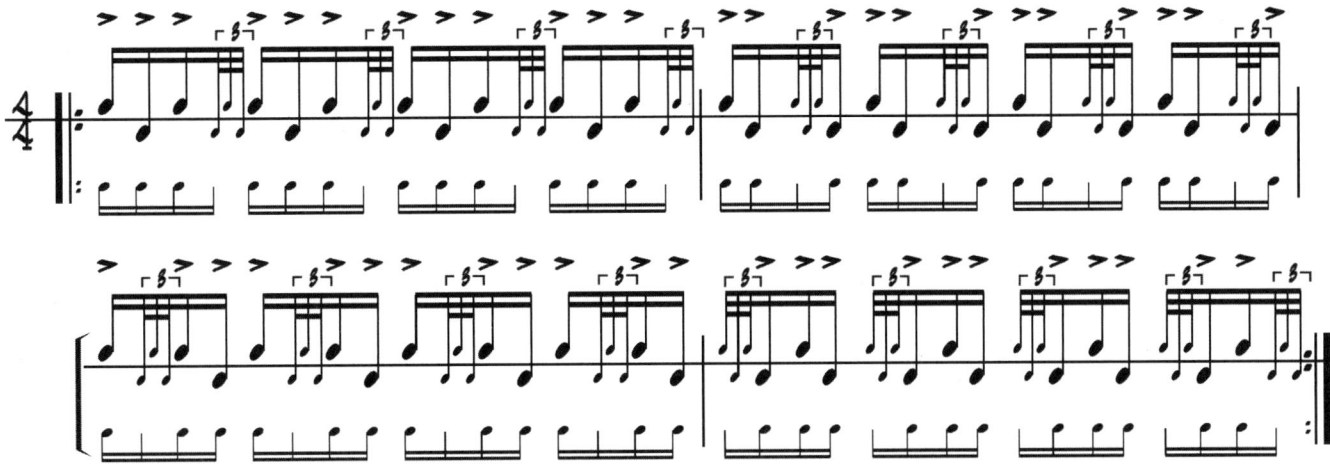

4-Stroke Ruffs 9 zeigt *Zeile 3* von *Lesetext 3*.

4-Stroke Ruffs 9

> *So geht's weiter:*
> Übe die anderen Akzentuierungen von **Lesetext 3** (*Zeilen 4 bis 10*).
> Danach übst du **Lesetext 4**, bei dem es um *3er-, 5er- und 7er-Gruppen* geht.

Beispiel *4-Stroke Ruffs 10* zeigt den 4-Stroke Ruff in *3er-Gruppen*.

4-Stroke Ruffs 10 (3er-Gruppe)

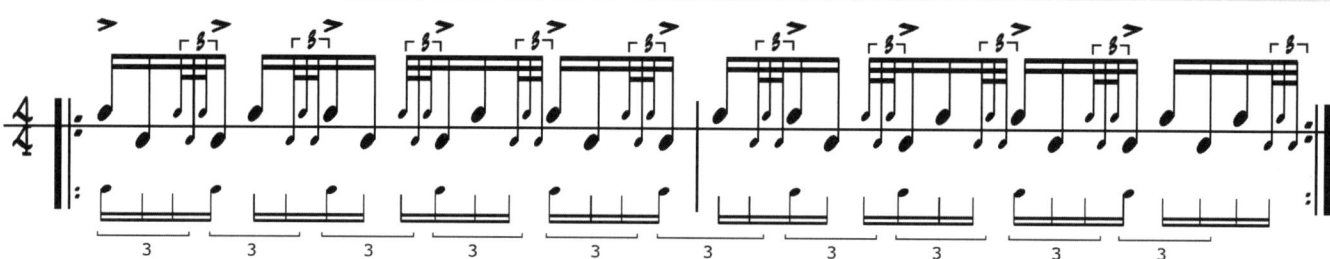

Wie immer gilt: Im Lesetext ist die Rhythmik aller Gruppen über vier Takte ausnotiert. Spiele 4-Stroke Ruffs in Verbindung mit *3er-, 5er- und 7er-Gruppen* auch über vier Takte.

Bei *5er-Gruppen* ist es sehr verbreitet, Akzente auf dem *ersten* und *dritten* Schlag jeder 5er-Gruppe zu spielen. Folgende Übung zeigt den 4-Stroke Ruff in 5er-Gruppen.

4-Stroke Ruffs 11 (5er-Gruppe)

Bei *7er-Gruppen* ist es sehr verbreitet, Akzente auf dem *ersten, dritten* und *fünften* Schlag jeder 7er-Gruppe zu spielen. Folgende Übung zeigt den 4-Stroke Ruff in 7er-Gruppen.

4-Stroke Ruffs 12 (7er-Gruppe)

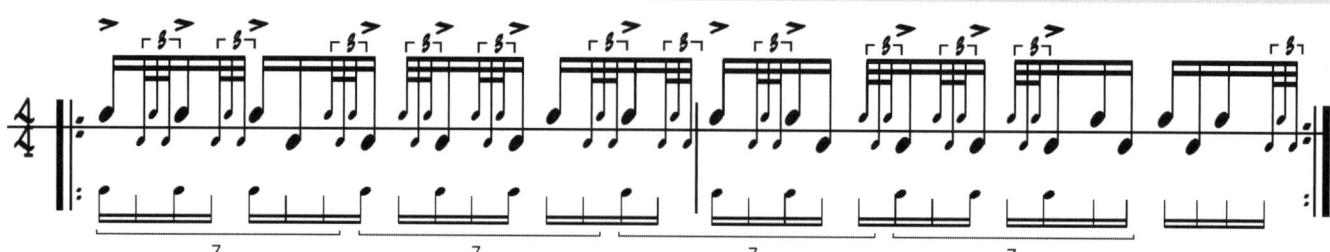

Wie du schon weißt, gibt es auch verschiedene andere Akzentuierungen für *3er-, 5er-* und *7er-Gruppen*. *Lesetext 5* zeigt eine weitere Art. Hier gibt es im Unterschied zu vorher nun auch *zwei* aufeinander folgende Akzente.

Bei der *3er-Gruppe* spielst du zwei Akzente auf dem *ersten* und *dritten* Schlag jeder 3er-Gruppe.

4-Stroke Ruffs 13 (3er-Gruppe)

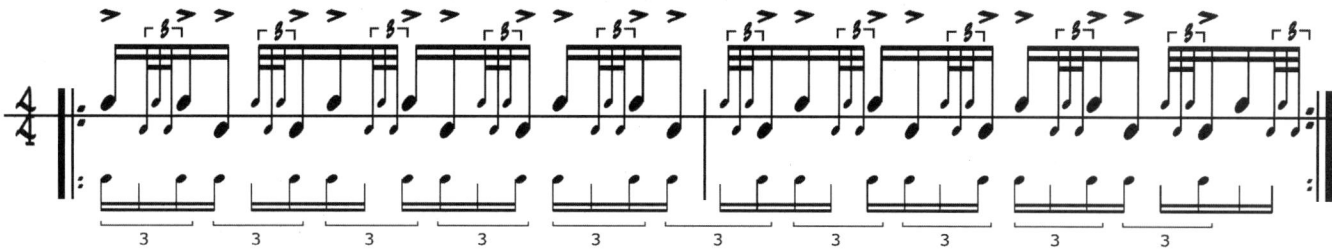

Bei der *5er-Gruppe* spielst du drei Akzente auf dem *ersten, dritten* und *fünften* Schlag jeder 5er-Gruppe.

4-Stroke Ruffs 14 (5er-Gruppe)

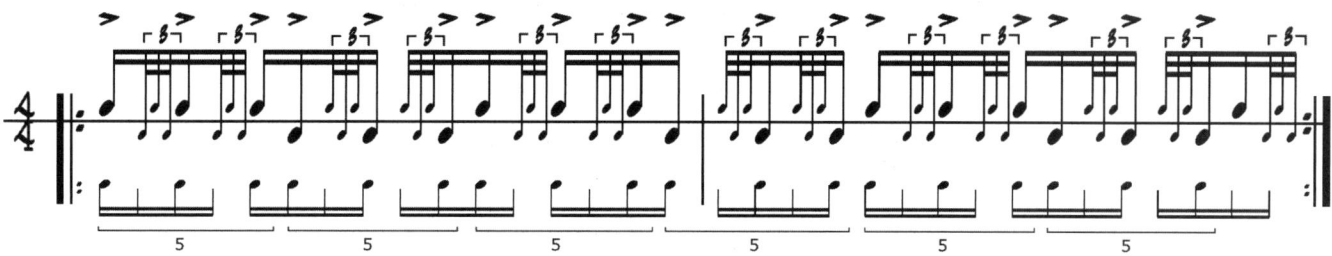

Bei der *7er-Gruppe* spielst du vier Akzente auf dem *ersten, dritten, fünften* und *siebten* Schlag jeder 7er-Gruppe.

4-Stroke Ruffs 15 (7er-Gruppe)

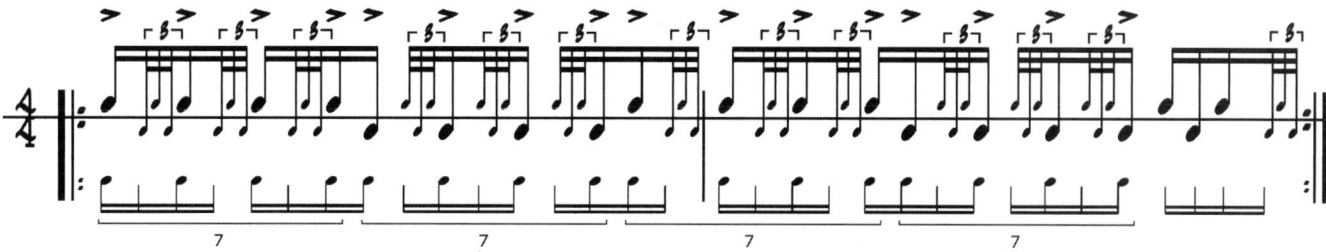

65

Double-Stroke Roll 2

Auch die kommenden Übungen zum Thema *Double-Stroke Roll* basieren auf einem in Sechzehntel-noten gespielten *Single-Stroke Roll* (**R L R L**), dem du den Lesetexten entsprechend Akzente hinzu-fügst.

Alle *nicht* akzentuierten Noten werden *verdoppelt*: Aus einer Sechzehntelnote werden zwei mit einer Hand gespielte 32tel-Noten.

Die ersten drei Übungen basieren auf *Lesetext 1*.

Double-Stroke Roll 2.1 zeigt die ersten beiden Zeilen dieses Lesetextes.

Zur Erinnerung: Im ersten Schritt spielst du jeden Takt *einzeln*, d.h. du *ignorierst* die eingeklammer-ten Noten im Lesetext.

Double-Stroke Roll 2.1

66

Sobald du die einzelnen Takte gut spielen kannst, fasst du die ersten vier Takte zu einer viertaktigen Übung zusammen. Dabei *spielst* du auch Akzente, wenn du im Lesetext eingeklammerte Noten siehst.

Double-Stroke Roll 2.2

Nachdem du jetzt alle vier Möglichkeiten kennengelernt hast, einen Akzent pro Viertel zu spielen, spielst du *Kombinationen aus Einzelakzenten*.

Beispiel ***Double-Stroke Roll 2.3*** zeigt *Zeile 3* von **Lesetext 1**.

Double-Stroke Roll 2.3

So geht's weiter:

Übe die anderen Akzentuierungen von **Lesetext 1** *(Zeilen 4 bis 10)*.

Danach übst du **Lesetext 2**. Hier gibt es im Unterschied zu vorher nun auch *zwei* aufeinander folgenden Akzente.

Die Herangehensweise ist unverändert: In **Double-Stroke Roll 2.4** spielst du die ersten vier Takte von **Lesetext 2** *einzeln*.

Double-Stroke Roll 2.4

Als Nächstes spielst du die ersten vier Takte hintereinander in einer viertaktigen Übung. Dabei *spielst* du auch Akzente, wenn du im Lesetext eingeklammerte Noten siehst.

Double-Stroke Roll 2.5

68

*Double-Stroke Roll **2.6*** zeigt *Zeile 3* von *Lesetext 2*.

Double-Stroke Roll 2.6

So geht's weiter:

Übe die anderen Akzentuierungen von **Lesetext 2** (*Zeilen 4 bis 10*).

Danach übst du **Lesetext 3**. Hier gibt es im Unterschied zu vorher *drei oder mehr* aufeinander folgenden Akzente.

Die Herangehensweise ist unverändert: In **Double-Stroke Roll 2.7** spielst du die ersten vier Takte von **Lesetext 3: *Sechzehntelnoten – Moving Accents / Groups of 3+*** *einzeln*.

Double-Stroke Roll 2.7

Als Nächstes spielst du die ersten vier Takte hintereinander in einer viertaktigen Übung.

Um nicht mehr als drei Akzente hintereinander zu spielen, spielen wir *keinen* Akzent auf dem *letzten* Sechzehntel von *Takt 4* (*siehe Übung **Double-Stroke Roll 2.8***).

Double-Stroke Roll 2.8

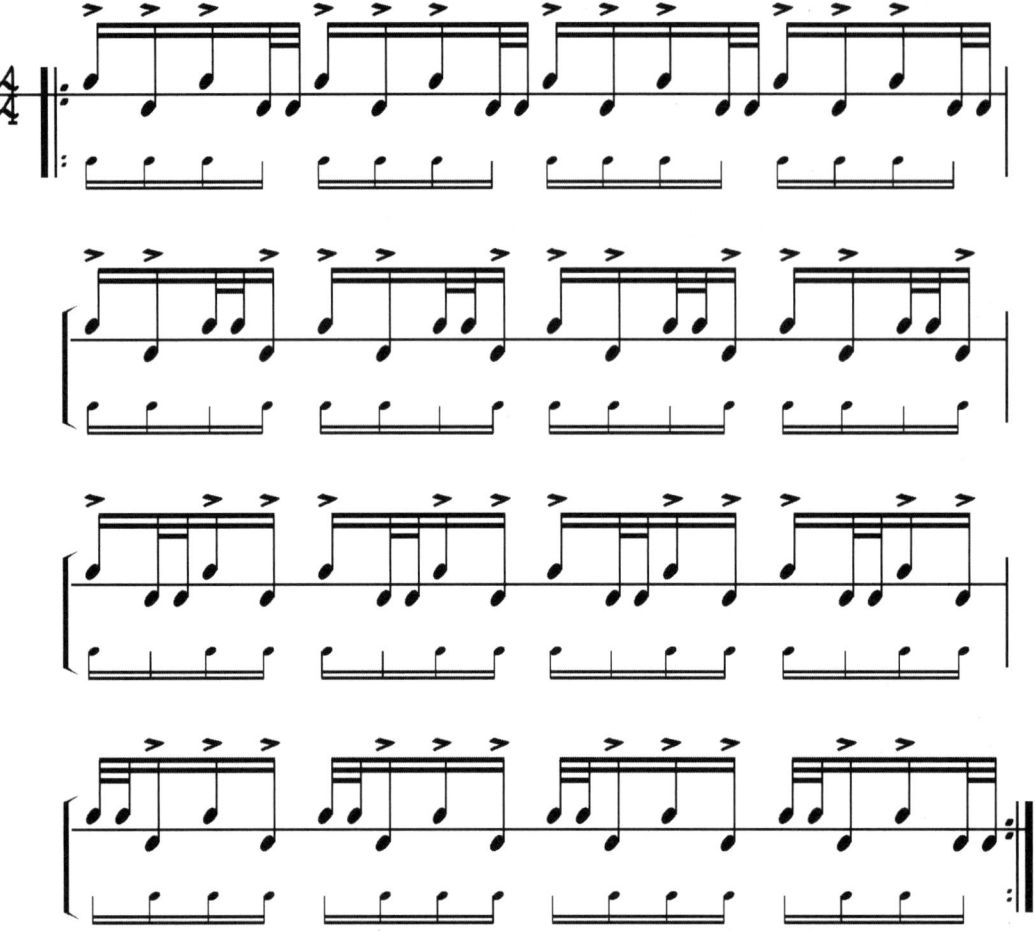

Double-Stroke Roll 2.9 zeigt *Zeile 3* von **Lesetext 3**.

Double-Stroke Roll 2.9

So geht's weiter:
Übe die anderen Akzentuierungen von **Lesetext 3** (*Zeilen 4 bis 10*).
Danach übst du **Lesetext 4**, bei dem es um *3er-, 5er-* und *7er-Gruppen* geht.

Double-Stroke Roll 2.10 zeigt die Rhythmik von *3er-Gruppen* angewendet auf den Double-Stroke Roll.

Double-Stroke Roll 2.10 (3er-Gruppe)

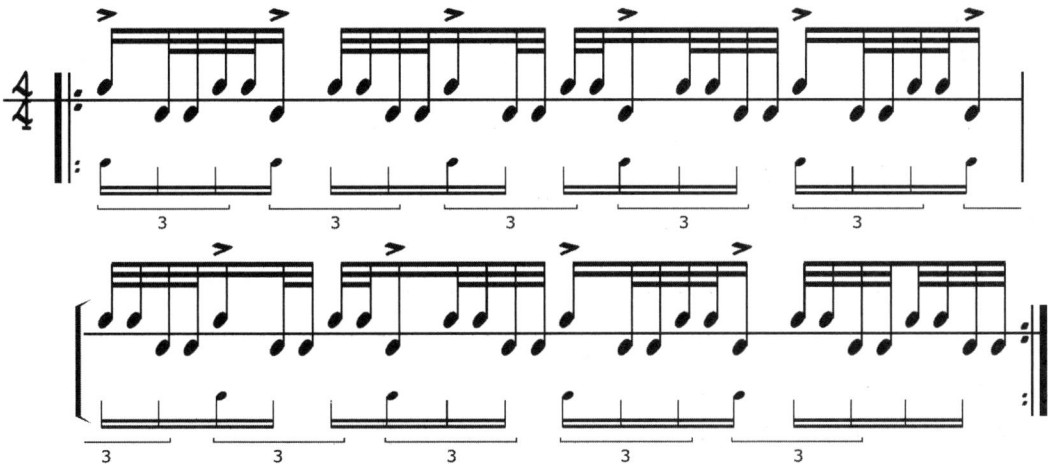

Wie immer gilt: Im Lesetext ist die Rhythmik aller Gruppen über vier Takte ausnotiert. Spiele *3er-, 5er- und 7er-Gruppen* auch über vier Takte.

Bei *5er-Gruppen* ist es sehr verbreitet, Akzente auf dem *ersten* und *dritten* Schlag jeder 5er-Gruppe zu spielen. Folgende Übung zeigt den Double-Stroke Roll in 5er-Gruppen.

Double-Stroke Roll 2.11 (5er-Gruppe)

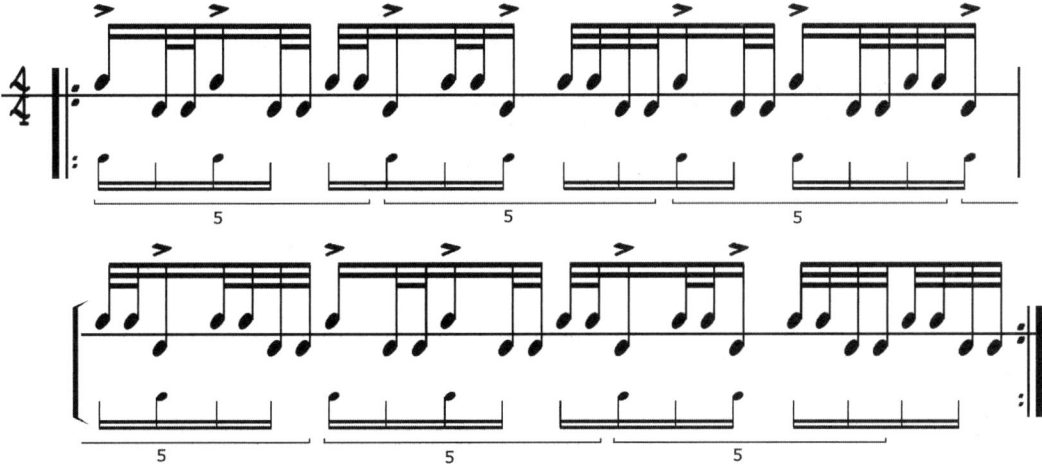

Bei *7er-Gruppen* ist es sehr verbreitet, Akzente auf dem *ersten, dritten* und *fünften* Schlag jeder 7er-Gruppe zu spielen. Folgende Übung zeigt den Double-Stroke Roll in 7er-Gruppen.

Double-Stroke Roll 2.12 (7er-Gruppe)

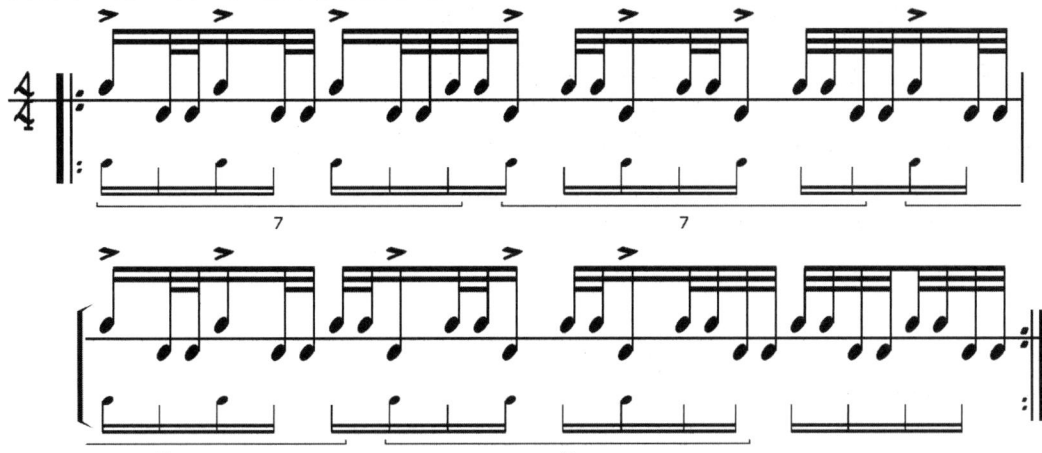

71

Wie du schon weißt, gibt es auch verschiedene andere Akzentuierungen für *3er-, 5er-* und *7er-Gruppen*. *Lesetext 5* zeigt eine weitere Art. Hier gibt es im Unterschied zu vorher nun auch *zwei* aufeinander folgende Akzente.

Bei der *3er-Gruppe* spielst du zwei Akzente auf dem *ersten* und *dritten* Schlag jeder 3er-Gruppe.

Double-Stroke Roll 2.13 (3er-Gruppe)

Bei der *5er-Gruppe* spielst du drei Akzente auf dem *ersten, dritten* und *fünften* Schlag jeder 5er-Gruppe.

Double-Stroke Roll 2.14 (5er-Gruppe)

Bei der *7er-Gruppe* spielst du vier Akzente auf dem *ersten, dritten, fünften* und *siebten* Schlag jeder 7er-Gruppe.

Double-Stroke Roll 2.15 (7er-Gruppe)

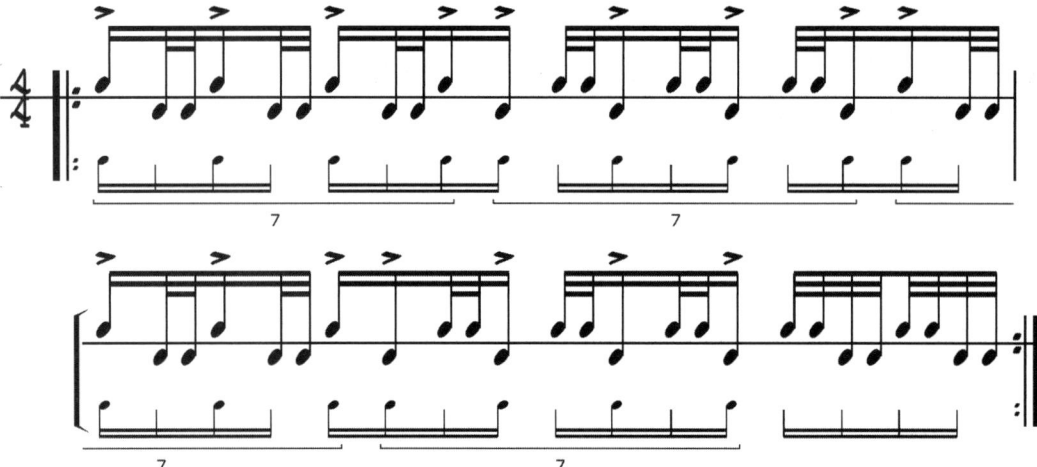

72

Inverted Double-Stroke Roll 1

Bei den kommenden Übungen spielst du einen *Inverted Double-Stroke Roll* in 32tel-Noten (**R L L R R L L R**), dem du den Lesetexten entsprechend Akzente hinzufügst. Da sich alle Akzente auf dem *zweiten* Schlag des jeweiligen Doppelschlages befinden, ist diese Übung nicht ganz einfach, aber sehr lohnenswert.

Inverted Double-Stroke Roll
R L L R bzw. **L R R L**

Die ersten drei Übungen basieren auf **Lesetext 1**.

Inverted Double-Stroke Roll 1.1 zeigt die ersten beiden Zeilen dieses Lesetextes.

Zur Erinnerung: Im ersten Schritt spielst du jeden Takt *einzeln*, d.h. du *ignorierst* die eingeklammerten Noten im Lesetext.

Inverted Double-Stroke Roll 1.1

(1)

(2)

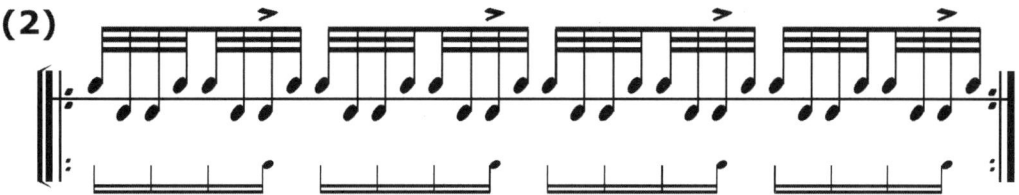

(3)

(4)

Sobald du die einzelnen Takte gut spielen kannst, fasst du die ersten vier Takte zu einer viertaktigen Übung zusammen. Dabei *spielst* du auch Akzente, wenn du im Lesetext eingeklammerte Noten siehst.

Inverted Double-Stroke Roll 1.2

Nachdem du jetzt alle vier Möglichkeiten kennengelernt hast, einen Akzent pro Viertel zu spielen, spielst du *Kombinationen aus Einzelakzenten*.

Inverted Double-Stroke Roll 1.3 zeigt *Zeile 3* von **Lesetext 1**.

Inverted Double-Stroke Roll 1.3

So geht's weiter:
Übe die anderen Akzentuierungen von **Lesetext 1** (*Zeilen 4 bis 10*).
Danach übst du **Lesetext 2**. Hier gibt es im Unterschied zu vorher nun auch *zwei* aufeinander folgenden Akzente.

Die Herangehensweise ist unverändert: In Übung *Inverted Double-Stroke Roll 1.4* spielst du die ersten vier Takte von *Lesetext 2 einzeln*.

Inverted Double-Stroke Roll 1.4

Als Nächstes kombinierst du die ersten vier Takte zu einer viertaktigen Übung. Dabei *spielst* du auch Akzente, wenn du im Lesetext eingeklammerte Noten siehst.

Inverted Double-Stroke Roll 1.5

Inverted Double-Stroke Roll 1.6 zeigt *Zeile 3* von *Lesetext 2*.

Inverted Double-Stroke Roll 1.6

> *So geht's weiter:*
> Übe die anderen Akzentuierungen von **Lesetext 2** (*Zeilen 4 bis 10*).
> Danach spielst du **Lesetext 3**. Hier gibt es im Unterschied zu vorher *drei oder mehr* aufeinander folgende Akzente.

Die Herangehensweise ist unverändert: In Übung *Inverted Double-Stroke Roll 1.7* spielst du die ersten vier Takte von *Lesetext 3 einzeln.*

Inverted Double-Stroke Roll 1.7

Als Nächstes kombinierst du die ersten vier Takte zu einer viertaktigen Übung. Um *nicht mehr* als drei Akzente hintereinander zu spielen, spielen wir *keinen* Akzent auf dem letzten Sechzehntel von Takt 4 (*siehe **Inverted Double-Stroke Roll 1.8***).

Inverted Double-Stroke Roll 1.8

Inverted Double-Stroke Roll 1.9 zeigt *Zeile 3* von ***Lesetext 3***.

Inverted Double-Stroke Roll 1.9

So geht's weiter:
Übe die anderen Akzentuierungen von ***Lesetext 3*** (*Zeilen 4 bis 10*).
Danach spielst du ***Lesetext 4***, bei dem es um *3er-, 5er-* und *7er-Gruppen* geht.

Inverted Double-Stroke Roll 1.10 zeigt die Rhythmik von *3er-Gruppen* angewendet auf den Inverted Double-Stroke Roll.

Inverted Double-Stroke Roll 1.10 (3er-Gruppe)

Wie immer gilt: Im Lesetext ist die Rhythmik aller Gruppen über vier Takte ausnotiert. Spiele den *Inverted Double-Stroke Roll* in Verbindung mit *3er-, 5er-* und *7er-Gruppen* auch über vier Takte.

Bei *5er-Gruppen* ist es sehr verbreitet, Akzente auf dem *ersten* und *dritten* Schlag jeder 5er-Gruppe zu spielen. Folgende Übung zeigt den Inverted Double Stroke in 5er-Gruppen.

Inverted Double-Stroke Roll 1.11 (5er-Gruppe)

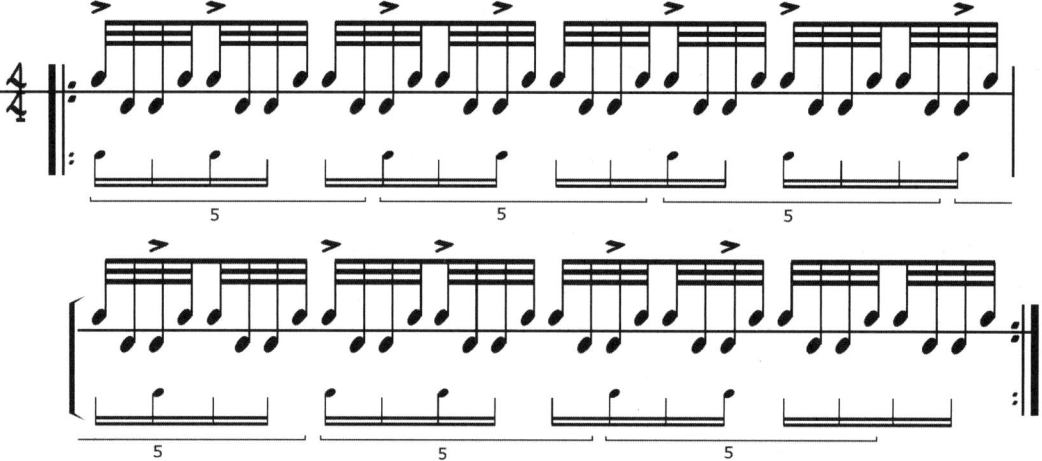

Bei *7er-Gruppen* ist es sehr verbreitet, Akzente auf dem *ersten, dritten* und *fünften* Schlag jeder 7er-Gruppe zu spielen. Folgende Übung zeigt den *Inverted Double-Stroke Roll* in 7er-Gruppen.

Inverted Double-Stroke Roll 1.12 (7er-Gruppe)

Wie du schon weißt, gibt es auch verschiedene andere Akzentuierungen für *3er-, 5er-* und *7er-Gruppen*. *Lesetext 5* zeigt eine weitere Art. Hier gibt es im Unterschied zu vorher nun auch *zwei* aufeinander folgende Akzente.

Bei der *3er-Gruppe* spielst du zwei Akzente auf dem *ersten* und *dritten* Schlag jeder 3er-Gruppe.

Inverted Double-Stroke Roll 1.13 (3er-Gruppe)

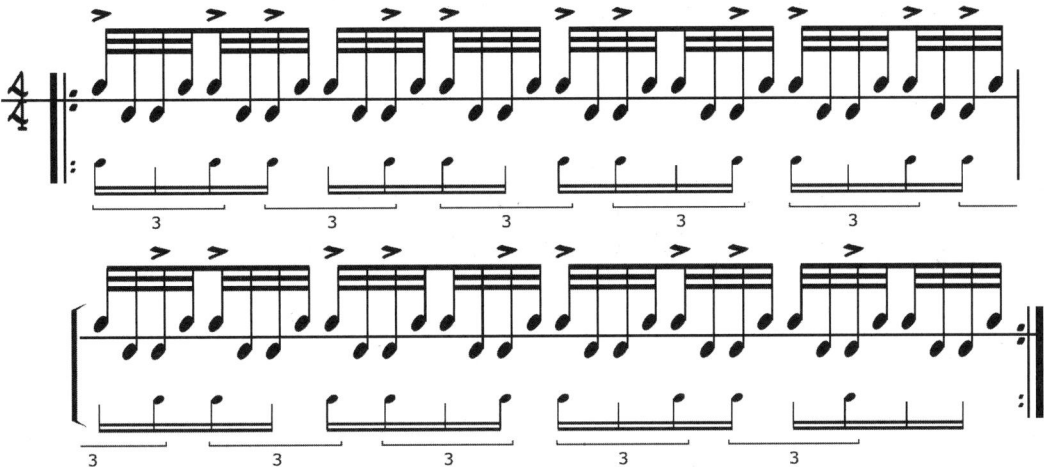

Bei der *5er-Gruppe* spielst du drei Akzente auf dem *ersten, dritten* und *fünften* Schlag jeder 5er-Gruppe.

Inverted Double-Stroke Roll 1.14 (5er-Gruppe)

Bei der *7er-Gruppe* spielst du vier Akzente auf dem *ersten, dritten, fünften* und *siebten* Schlag jeder 7er-Gruppe.

Inverted Double-Stroke Roll 1.15 (7er-Gruppe)

Inverted Double-Stroke Roll 2

Folgende Vereinfachung des *Inverted Double-Stroke Roll* trägt dazu bei, dass du den Roll schneller spielen kannst: Wir lassen alle 32tel-Noten vor den Akzenten weg und spielen 16tel-Noten anstelle von 32tel-Noten vor den Akzenten. Dies funktioniert zum einen besser in höheren Tempi und klingt zum anderen auch interessanter, weil du nun in zwei Subdivisions spielst, nämlich 16tel-Noten und 32tel-Noten.

Wenn du dies übst, nutze wieder die *Lesetexte 1 bis 5* als rhythmische Grundlage.

Um Missverständnisse zu vermeiden, hier ein paar ausgewählte Übungen mit 16tel-Noten anstelle von 32tel-Noten vor den Akzenten.

Inverted Double-Stroke Roll 2.1 zeigt die ersten vier Takte von **Lesetext 1**.

Die Akzentuierung ist exakt dieselbe wie in Übung **Inverted Double-Stroke Roll 1.2** auf *Seite 74*.

Inverted Double-Stroke Roll 2.1

Inverted Double-Stroke Roll 2.2 zeigt die ersten vier Takte von **Lesetext 2**.

Die Akzentuierung ist exakt dieselbe wie in Übung **Inverted Double-Stroke Roll 1.5** auf *Seite 75*.
Du spielst aber 16tel-Noten anstelle von 32tel-Noten vor den Akzenten.

Inverted Double-Stroke Roll 2.2

Inverted Double-Stroke Roll 2.3 zeigt *Zeile 3* von **Lesetext 3**.

Die Akzentuierung ist exakt dieselbe wie in Übung **Inverted Double-Stroke Roll 1.9** auf *Seite 77*.
Du spielst aber 16tel-Noten anstelle von 32tel-Noten vor den Akzenten.

Inverted Double-Stroke Roll 2.3

Inverted Double-Stroke Roll 2.4 zeigt die ersten zwei Takte der *3er-Gruppe* von **Lesetext 4**.

Die Akzentuierung ist exakt dieselbe wie in Übung *Inverted Double-Stroke Roll 1.10* auf *Seite 78*.
Du spielst aber 16tel-Noten anstelle von 32tel-Noten vor den Akzenten.

Inverted Double-Stroke Roll 2.4 (3er-Gruppe)

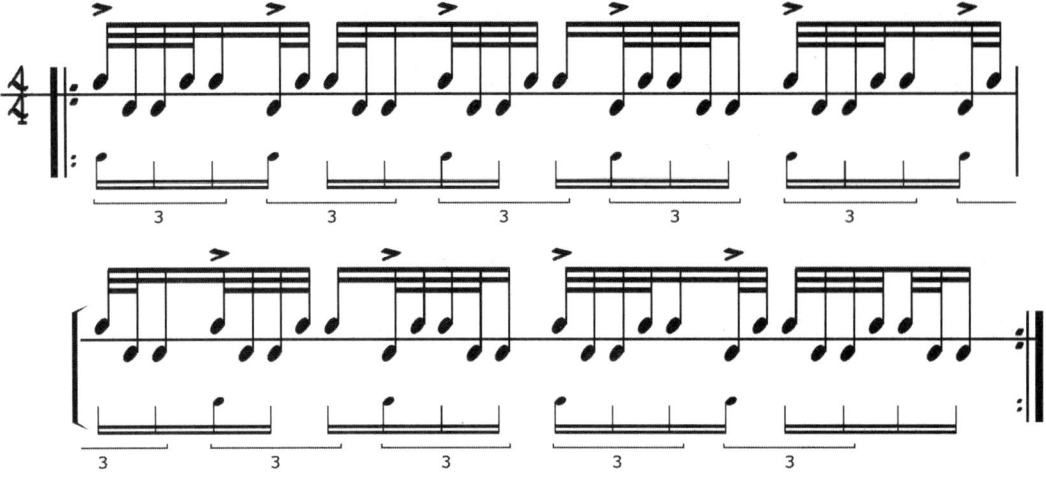

Inverted Double-Stroke Roll 2.5 zeigt die ersten zwei Takte der *5er-Gruppe* von **Lesetext 4**.

Die Akzentuierung ist dieselbe wie in Übung *Inverted Double-Stroke Roll 1.11* auf *Seite 78*.

Inverted Double-Stroke Roll 2.5 (5er-Gruppe)

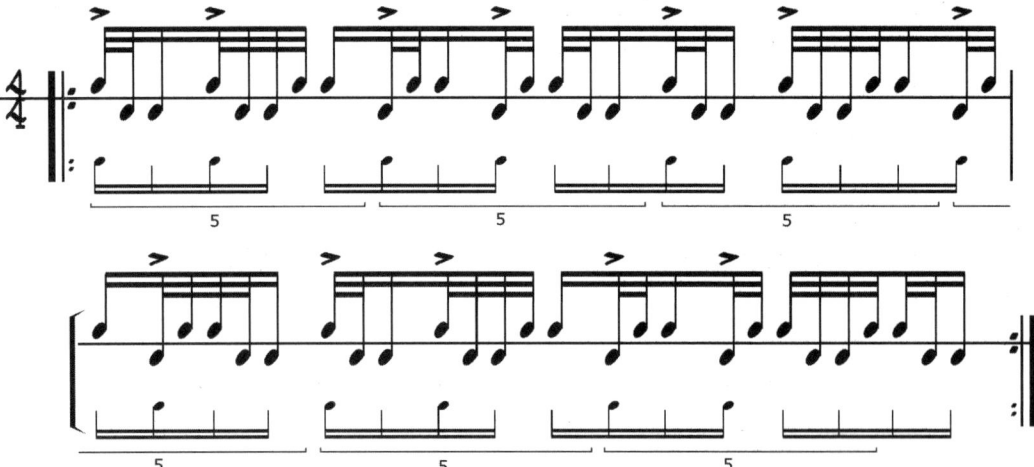

Inverted Double-Stroke Roll 2.6 zeigt die ersten zwei Takte der *7er-Gruppe* von **Lesetext 4**.
Die Akzentuierung ist dieselbe wie in Übung **Inverted Double-Stroke Roll 1.12** auf *Seite 78*.

Inverted Double-Stroke Roll 2.6 (7er-Gruppe)

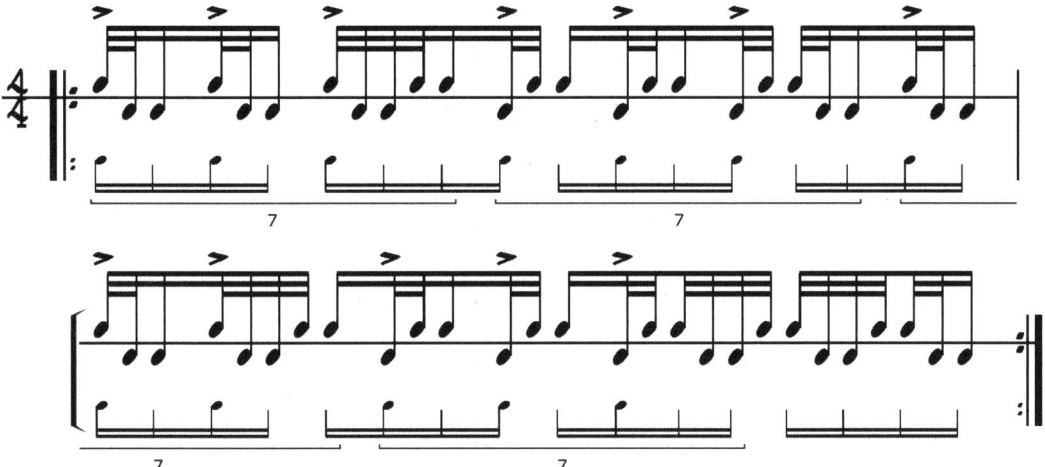

Ich bin mir sicher, dass die Idee dir nun klar ist. Bei Interesse kannst du auch alle weiteren
Akzentuierungen der *Lesetexte 1 bis 5* üben.

Tipp:

Am Ende dieses Kapitels möchte ich folgenden Hinweis geben: Wir haben die immer gleichen
Akzentuierungen (*Lesetexte 1–5*) mit verschiedenen Übungen kombiniert.

Diese systematische Vorgehensweise kannst du natürlich auch auf andere Übungen anwenden.
Das Konzept bleibt gleich, aber der Inhalt ändert sich.

Zum Beispiel:

Du spielst einen Single-Stroke Roll (**R L R L**) in Sechzehntelnoten, dem du den Lesetexten
entsprechend *Buzz Strokes* (*) hinzufügst. Du spielst also anstelle von Akzenten Buzz Strokes und
verbesserst so deine Fähigkeit, einzelne Buzz Strokes oder einen geschlossenen Wirbel (= *Buzz
Roll*) zu spielen.

Sollte dir nicht genau klar sein, wie die Kombination aus Lesetexten und Buzz Strokes
funktioniert, schicke bitte eine E-Mail an **buzz@jostnickel.com** und du bekommst ein PDF.

(*) *Buzz Strokes sind Schläge, bei denen du den Stick auf das Fell presst, um so durch den Rebound möglichst viele
Schläge pro Hand zu erzeugen. Je mehr Schläge pro Hand erzeugt werden können, desto besser.*

Kapitel 3 | Kombination aus 16tel- und 32tel-Noten:
Singles | Doubles | Paradiddles

In diesem Kapitel geht es um Übungen, in denen 16tel-Noten mit 32tel-Noten *kombiniert* werden. Ich habe mir diese Übungen ausgedacht, weil ich bessere Kontrolle über plötzliche Tempowechsel bekommen wollte. Insbesondere der Wechsel von 32tel-Noten zu 16tel-Noten kann sehr herausfordernd sein.

Singles

Der schnelle Teil der Übung besteht aus *vier* 32tel-Noten. Du spielst vier Einzelschläge in 32tel-Noten, gefolgt von zwei 16tel-Noten. Der *Akzent* auf der ersten dieser Sechzehntelnoten bildet den Abschluss des schnellen Teils der Übung.

Singles 1

Die kommende Übung ist identisch mit *Singles 1*, aber um eine Achtelnote versetzt.

Singles 2

In *Singles 3* spielst du zweimal das Gleiche: eine 2er-Gruppe (**R L R L** in 32tel-Noten) gefolgt von zwei 3er-Gruppen (**R L L** in 16tel-Noten).
Die Zahlen unter der Notation markieren die Länge der Figuren in 16tel-Noten und nicht die Anzahl der Schläge.

Singles 3

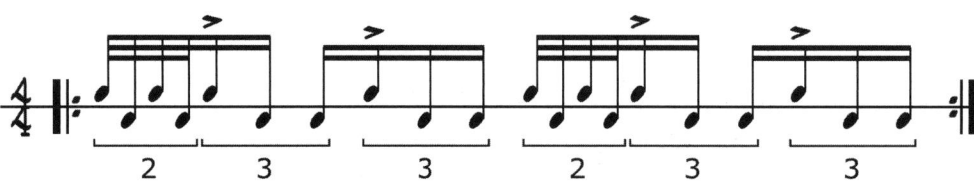

In der nächsten zweitaktigen Übung *wechselst* du zwischen den oben genannten 2er- und
3er-Gruppen.

Singles 4

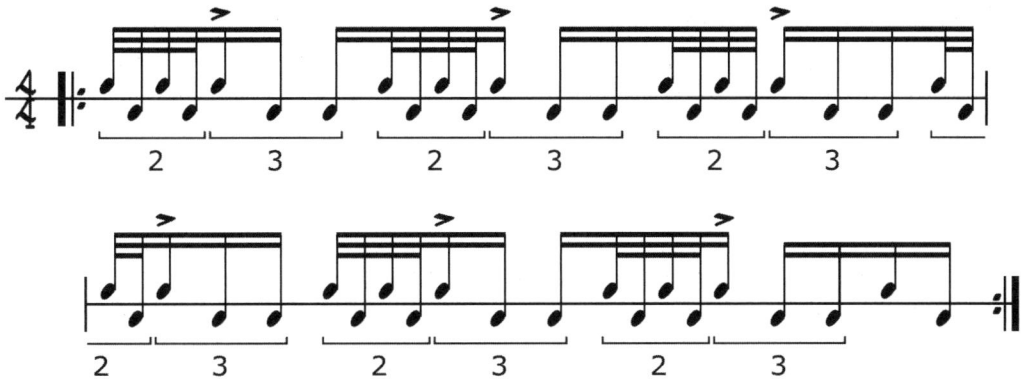

Spiele die Übungen *Singles 1 bis Singles 4* noch einmal und führe mit der linken Hand als Vorbereitung auf die folgende Übung.

Singles 5 ist eine viertaktige Übung, bei der du in *Zeile 1 und 2* mit der rechten Hand führst und in
Zeile 3 und 4 mit der linken.

Abgesehen vom Handsatz sind die Zeilen 1 und 2 identisch mit den Zeilen 3 und 4.

Singles 5

Als Nächstes *verlängerst* du den schnellen Teil der Übung auf acht als Einzelschläge gespielte
32tel-Noten. Am Ende der 32tel spielst du wieder einen Akzent auf der folgenden 16tel-Note.

Singles 6

85

Die folgende Übung ist identisch mit *Singles 6*, aber um eine Achtelnote versetzt.

Singles 7

In der zweitaktigen Übung *Singles 8* spielst du eine 4er-Gruppe (**R L R L R L R L** in 32tel-Noten) gefolgt von zwei 3er-Gruppen (**R L L** in Sechzehntelnoten).

Zur Erinnerung: Die Zahlen unter der Notation markieren die Länge der Figuren in 16tel-Noten und nicht die Anzahl der Schläge.

Singles 8

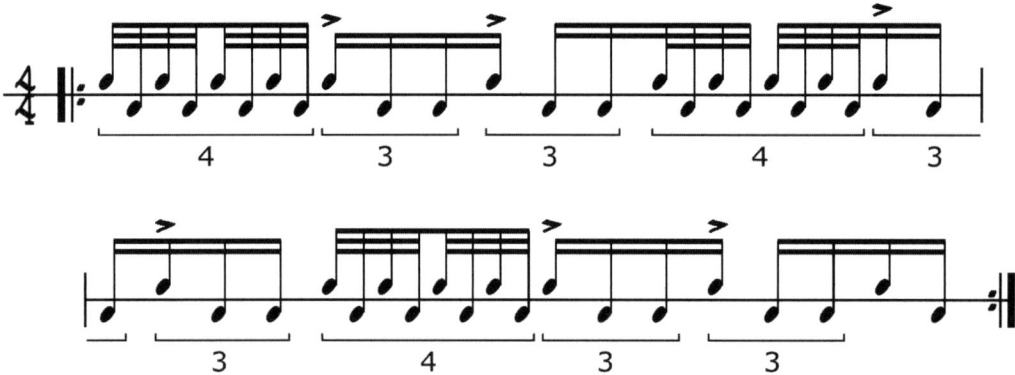

In der nächsten zweitaktigen Übung *wechselst* du zwischen den oben genannten 4er- und 3er-Gruppen.

Singles 9

Um dich auf die kommende Übung vorzubereiten, spiele *Singles 6 bis Singles 9* noch einmal und führe mit der linken Hand.

Singles 10 ist eine viertaktige Übung, bei der du in *Zeile 1 und 2* mit der rechten Hand führst und in *Zeile 3 und 4* mit der linken. Abgesehen vom Handsatz sind die Zeilen 1 und 2 identisch mit den Zeilen 3 und 4.

86

Singles 10

Mit Ausnahme der *Akzentuierung* der 32tel-Noten ist **Singles 11** identisch mit **Singles 10**. Bei den acht 32tel-Noten sind die Akzente jedes Mal an der gleichen Stelle.

Das Ändern der Akzentuierung bei gleichbleibender Schlagabfolge ist generell eine sehr effektive Art dein Vokabular am Set zu vergrößern.

Singles 11

Falls du die Akzente anders verteilen möchtest: Es spricht generell nichts dagegen, diese Übung (und alle anderen) abzuändern.

Als Nächstes *kombinierst* du Übung **Singles 4** (hier spielst du 32tel-Noten über *zwei 16tel*) mit **Singles 9** (hier spielst du 32tel-Noten über *vier 16tel*).

Die folgenden Übungen zeigen vier verschiedene Kombinationen. Die benötigten technischen Fähigkeiten sind prinzipiell die gleichen wie vorher, allerdings werden die Übungen durch die anspruchsvollere Rhythmik schwieriger.

Singles Kombination 1

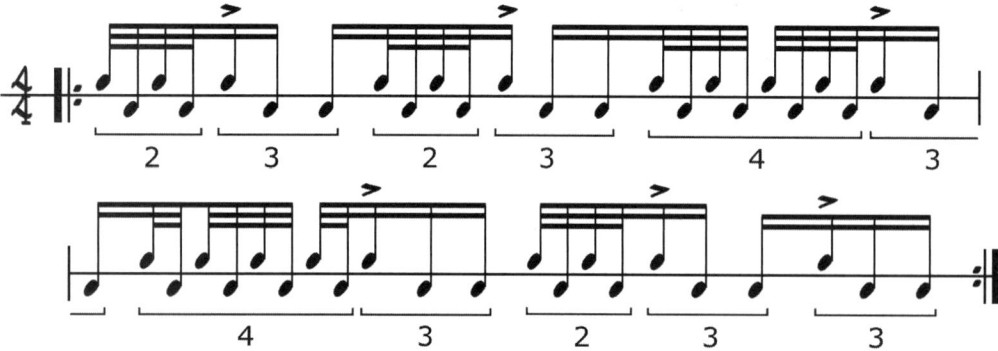

Singles Kombination 2

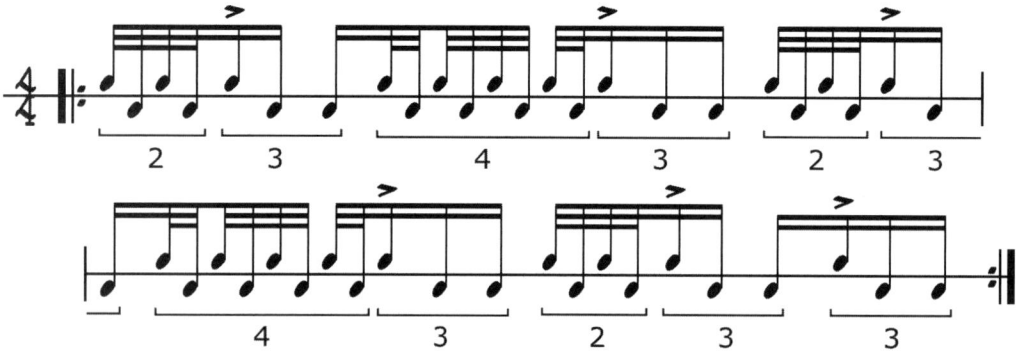

Singles Kombination 3

Singles Kombination 4

Doubles

Die folgenden Übungen unterscheiden sich nur durch das Sticking, das du während der 32tel-Noten spielst: Anstelle von Einzelschlägen spielst du nun *Doppelschläge*.

Doubles 1

Die nächste Übung ist identisch mit *Doubles 1*, aber um eine Achtelnote versetzt.

Doubles 2

In *Doubles 3* spielst du zweimal das Gleiche: eine 2er-Gruppe (**R R L L** in 32tel-Noten) gefolgt von zwei 3er-Gruppen (**R L L** in 16tel-Noten).

Zur Erinnerung: Die Zahlen unter der Notation markieren die Länge der Figuren in Sechzehntelnoten und nicht die Anzahl der Schläge.

Doubles 3

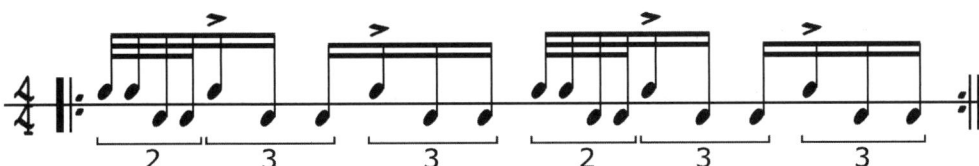

In der nächsten zweitaktigen Übung *wechselst* du zwischen den oben genannten 2er- und 3er-Gruppen.

Doubles 4

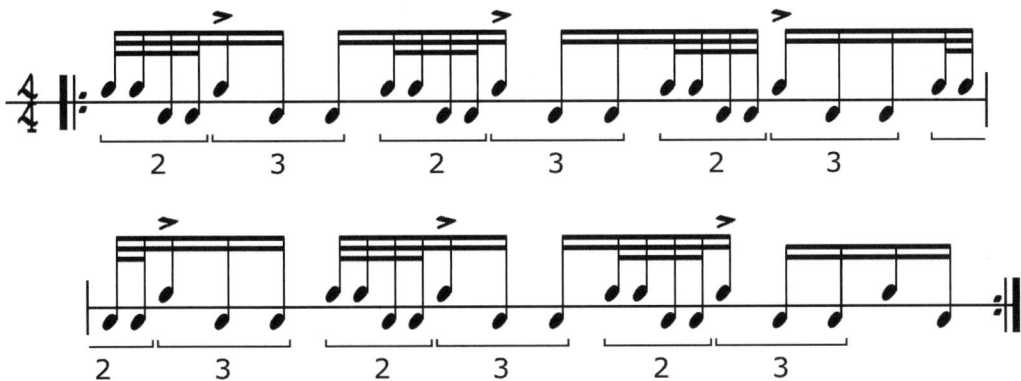

Spiele die Übungen *Doubles 1 bis Doubles 4* noch einmal und führe mit der linken Hand als Vorbereitung auf die folgende Übung.

Doubles 5 ist eine viertaktige Übung, bei der du in *Zeile 1 und 2* mit der rechten Hand führst und in *Zeile 3 und 4* mit der linken.

Abgesehen vom Handsatz sind die Zeilen 1 und 2 identisch mit den Zeilen 3 und 4.

Doubles 5

Als Nächstes *verlängerst* du den schnellen Teil der Übung auf acht als *Doppelschläge* gespielte 32tel-Noten. Am Ende der 32tel spielst du einen Akzent auf der folgenden 16tel-Note.

Doubles 6

Die kommende Übung ist identisch mit *Doubles 6*, aber um eine Achtelnote versetzt.

Doubles 7

In der zweitaktigen Übung *Doubles 8* spielst du eine 4er-Gruppe (**R R L L R R L L** in 32tel-Noten) gefolgt von zwei 3er-Gruppen (**R L L** in 16tel-Noten).

Zur Erinnerung: Die Zahlen unter der Notation markieren die Länge der Figuren in 16tel-Noten.

Doubles 8

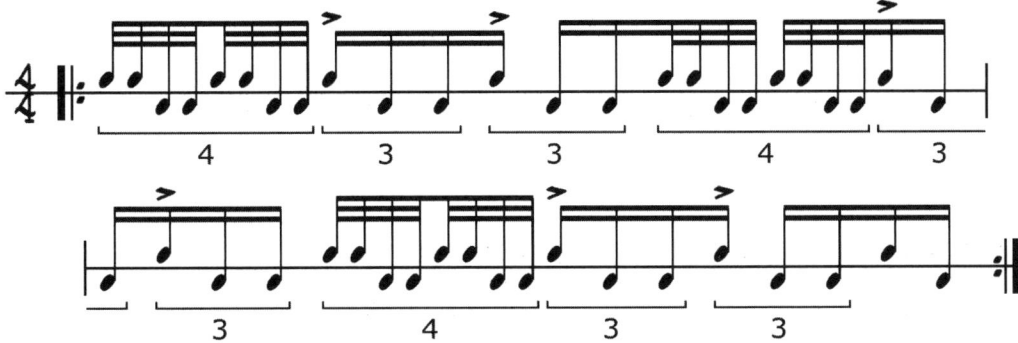

In der nächsten zweitaktigen Übung *wechselst* du zwischen den oben genannten 4er- und 3er-Gruppen.

Doubles 9

Um dich auf die kommende Übung vorzubereiten, spiele **Doubles 6 bis Doubles 9** noch einmal und führe mit der linken Hand.

Doubles 10 ist eine viertaktige Übung, bei der du in *Zeile 1 und 2* mit der rechten Hand führst und in *Zeile 3 und 4* mit der linken. Abgesehen vom Handsatz sind die Zeilen 1 und 2 identisch mit den Zeilen 3 und 4.

Doubles 10

Mit Ausnahme der *Dynamik* ist **Doubles 11** identisch mit **Doubles 10**. Spiele während der 32tel-Noten ein *Crescendo* (*).

Doubles 11

= Crescendo-Zeichen

Jetzt *kombinierst* du Übung **Doubles 4** (hier spielst du 32tel-Noten über *zwei 16tel*) mit **Doubles 9** (hier spielst du 32tel-Noten über *vier 16tel*).

Die folgenden Übungen zeigen vier verschiedene Kombinationen. Die benötigten technischen Fähigkeiten sind prinzipiell die gleichen wie vorher, allerdings werden die Übungen durch die anspruchsvollere Rhythmik schwieriger.

Doubles Kombination 1

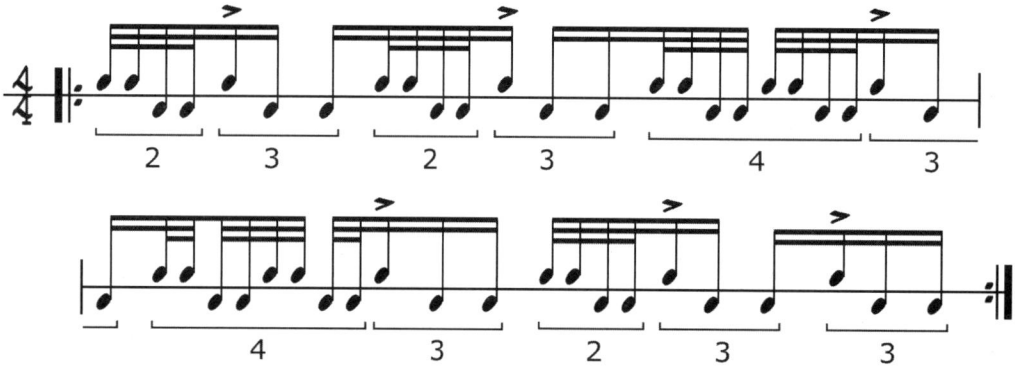

Doubles Kombination 2

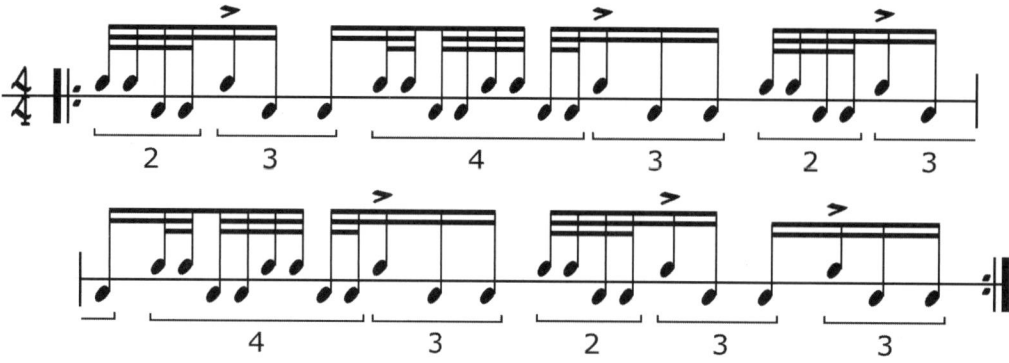

(*) *Crescendo = lauter werdend*

92

Doubles Kombination 3

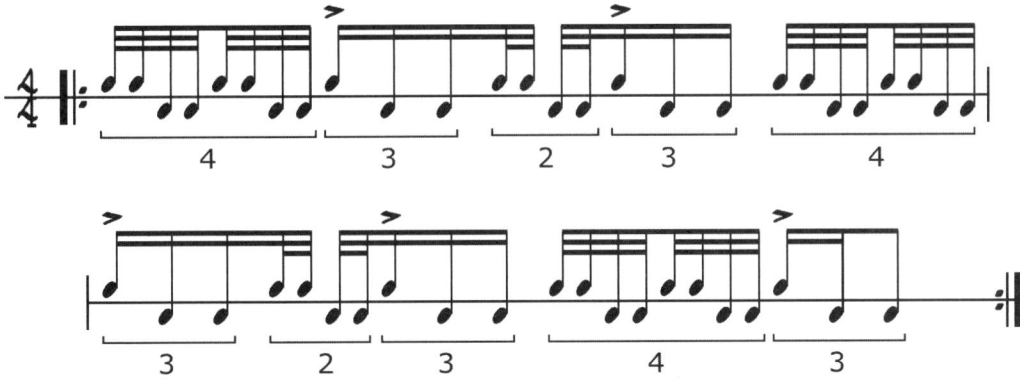

Doubles Kombination 4

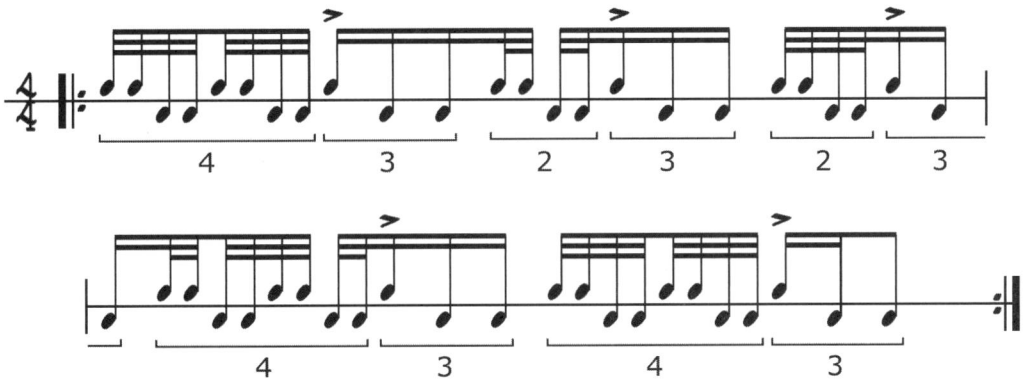

Foto © Anshix Arts

93

Paradiddles

Die kommenden Übungen unterscheiden sich wieder nur durch das *Sticking*, das du während der 32tel-Noten spielst: Anstelle von Doppelschlägen spielst du nun den *Single Paradiddle* (**RLRR LRLL**). Die Rhythmik der einzelnen Übungen bleibt unverändert.

Obwohl die Rhythmik unverändert ist, ist es schwieriger, diese Übungen mit Paradiddles zu spielen, weil du nach jedem gespielten Single Paradiddle mit der jeweils *anderen* Hand weiterspielst.

Auch die *Akzentuierung* ist neu: Auf dem ersten Schlag jedes Paradiddles spielst du einem Akzent.

Paradiddle 1

Die kommende Übung ist identisch mit *Paradiddle 1*, aber um eine Achtelnote versetzt.

Paradiddle 2

In *Paradiddle 3* spielst du zweimal das Gleiche: eine 2er-Gruppe (**R L R R** oder **L R L L** in 32tel-Noten) gefolgt von zwei 3er-Gruppen (**L R R** oder **R L L** in 16tel-Noten).

Zur Erinnerung: Die Zahlen unter der Notation markieren die Länge der Figuren in 16tel-Noten.

Paradiddle 3

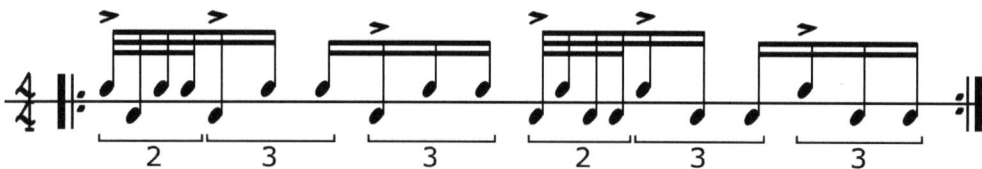

In der nächsten zweitaktigen Übung *wechselst* du zwischen den oben genannten 2er- und 3er-Gruppen.

Paradiddle 4

94

Spiele die Übungen *Paradiddle 1 bis Paradiddle 4* noch einmal und beginne mit der linken Hand als Vorbereitung auf die folgende Übung.

Paradiddle 5 ist eine viertaktige Übung, bei der du in *Zeile 1* mit der rechten Hand beginnst und bei der Wiederholung der Übung in *Zeile 3* mit der linken.

Abgesehen vom Handsatz sind die Zeilen 1 und 2 identisch mit den Zeilen 3 und 4.

Paradiddle 5

Als Nächstes *verlängerst* du den schnellen Teil der Übung auf acht als *Paradiddles* gespielte 32tel-Noten. Am Ende der 32tel spielst du wieder einen Akzent auf der folgenden 16tel-Note.

Paradiddle 6

Die kommende Übung ist identisch mit *Paradiddle 6*, aber um eine Achtelnote versetzt.

Paradiddle 7

In der zweitaktigen Übung *Paradiddle 8* spielst du eine 4er-Gruppe (**R L R R L R L L** in 32tel-Noten) gefolgt von zwei 3er-Gruppen (**R L L** in 16tel-Noten).

Zur Erinnerung: Die Zahlen unter der Notation markieren die Länge der Figuren in 16tel-Noten.

Paradiddle 8

In der nächsten zweitaktigen Übung *wechselst* du zwischen den oben genannten 4er- und 3er-Gruppen.

Paradiddle 9

Um dich auf die kommende Übung vorzubereiten, spiele *Paradiddle 6 bis Paradiddle 9* noch einmal und führe mit der linken Hand. *Paradiddle 10* ist eine viertaktige Übung, bei der du in *Zeile 1 und 2* mit der rechten Hand führst und in *Zeile 3 und 4* mit der linken. Abgesehen vom Handsatz sind die Zeilen 1 und 2 identisch mit den Zeilen 3 und 4.

Paradiddle 10

Jetzt *kombinierst* du Übung *Paradiddle 4* (hier spielst du 32tel-Noten über *zwei 16tel*) mit *Paradiddle 9* (hier spielst du 32tel-Noten über *vier 16tel*).

Die folgenden Übungen zeigen vier verschiedene Kombinationen. Die benötigten technischen Fähigkeiten sind prinzipiell die gleichen wie vorher, allerdings ist die Rhythmik wesentlich anspruchsvoller.

Paradiddle Kombination 1

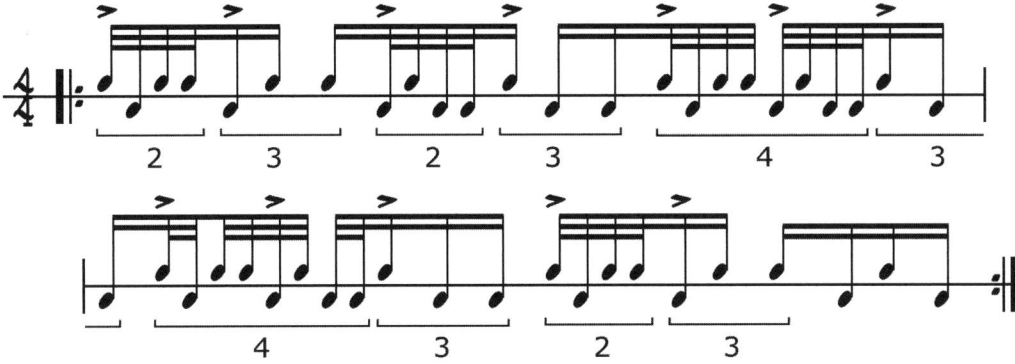

Paradiddle Kombination 2

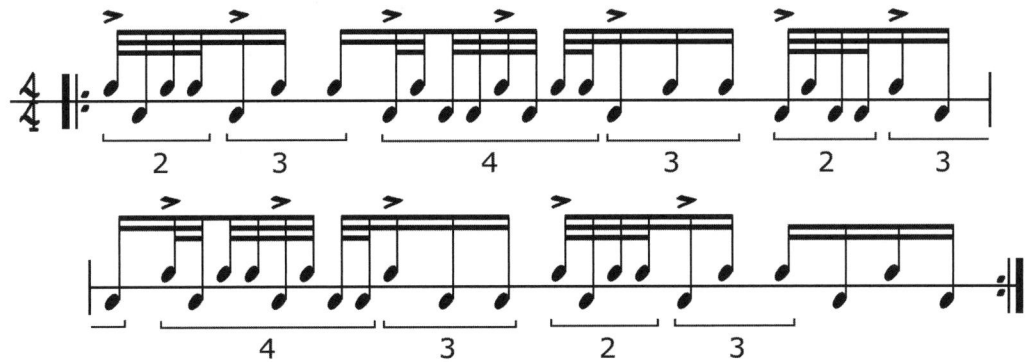

Paradiddle Kombination 3

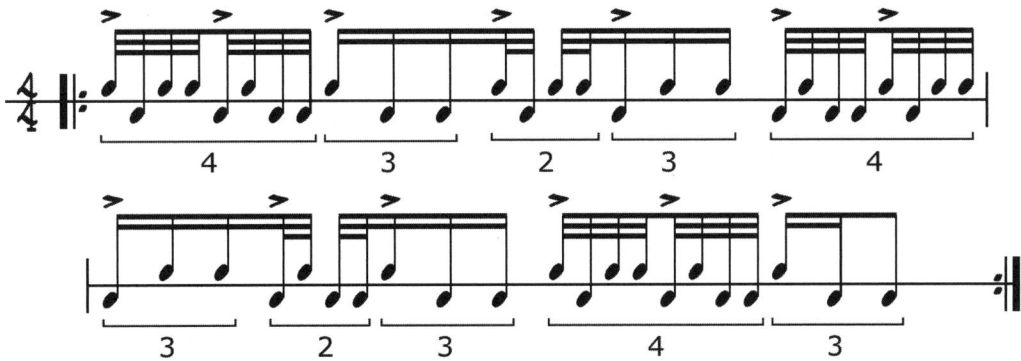

Paradiddle Kombination 4

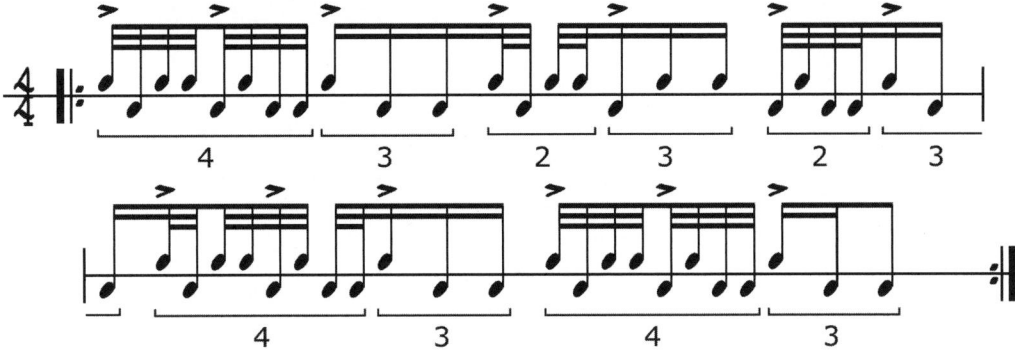

Tipp:

Wenn du jetzt denkst, du könntest auch andere Schlagabfolgen für den 32tel-Teil der Übungen dieses Kapitels verwenden, liegst du absolut richtig.

Beispiele dafür wären der **Inverted Paradiddle (R L L R L R R L)** oder der **Inverted Double-Stroke Roll (R L L R R L L R)**.

Systematisches Üben hat genau diesen Vorteil: *Das Konzept bleibt gleich, aber der Inhalt ändert sich*.

Foto © Gerhard Kühne

Kapitel 4 | Systematischer Ansatz auf Achteltriolen-Basis:
Doppelschläge | Flams | Multiple Strokes | Ruffs und mehr

In diesem Kapitel spielen wir Übungen aus *Kapitel 2* mit veränderter Subdivision in *Achteltriolen*. Dazu nehmen wir verschiedene Lesetexte und variieren die Übungen entsprechend.

Obwohl du an den gleichen technischen Fähigkeiten wie in *Kapitel 2* arbeitest, wird das Spielen der Übungen in einer anderen Subdivision (*Achteltriolen*) diese technische Fähigkeit und dein grundsätzliches Verständnis von Rhythmus sehr verbessern.

Das Spielen in einer anderen Subdivision ist aufgrund des geänderten rhythmischen Zusammenhangs herausfordernd und somit spannend. Spannung ist das Gegenteil von Langeweile, die es beim Üben unbedingt zu vermeiden gilt, da man langweilige Dinge bestenfalls halbherzig oder eben gar nicht macht.

Grundsätzlich ist das *Ändern der Subdivision* beim Spielen bekannter Übungen oder Schlagabfolgen immer eine gute Idee.

Also: *Herzlich willkommen zu Kapitel 4, der **triolischen Version** von Kapitel 2.*

Double-Stroke Roll 1 – Triplets

Genau wie in *Kapitel 2* beginnen wir mit dem **Double-Stroke Roll** (**R R L L**), den wir nun in *Achteltriolen* spielen und *Akzente* entsprechend den Lesetexten hinzufügen.

Der erste dieser Lesetexte ist ***Lesetext 6: Achteltriolen – Groups of 1.1***, bei dem nur Einzel-Akzente auf der *ersten* und *dritten* Triole vorkommen. Akzente auf der zweiten Triole kommen erst später, weil diese schwerer zu hören sind.

Ein **Double-Stroke Roll** in Achteltriolen ist grundsätzlich schwieriger als in Sechzehntelnoten, weil sich die Figur (**R R L L**) nach vier Schlägen wiederholt, es aber pro Viertel in Achteltriolen nur drei Schläge gibt.

Double-Stroke Roll – Triplets 1.1 zeigt *Zeile 1* von *Lesetext 6*.

Double-Stroke Roll – Triplets 1.1

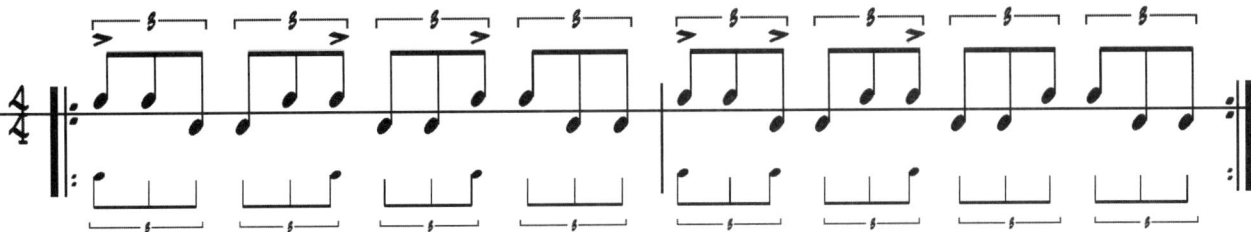

So geht's weiter:
Spiele die anderen Akzentuierungen von *Lesetext 6* (*Zeilen 2 bis 10*).
Danach übst du ***Lesetext 7: Achteltriolen – Moving Accents / Groups of 1.2***, bei dem nun auch die *zweite* Achteltriole vorkommt.

Wir spielen auf jeder Viertelnote den gleichen Akzent und lernen die drei verschiedenen Möglichkeiten kennen, einen Akzent pro Viertel zu spielen. Diese drei Möglichkeiten siehst du in ***Double-Stroke Roll – Triplets 1.2***. Die Herangehensweise wird oft *Moving Accents* genannt und du kennst sie bereits aus *Kapitel 2*.

Double-Stroke Roll – Triplets 1.2 basiert auf *Zeile 1* von **Lesetext 7**.

Im ersten Schritt spielst du jeden Takt *einzeln*, d. h. du *ignorierst* die im Lesetext eingeklammerten Noten.

Double-Stroke Roll – Triplets 1.2

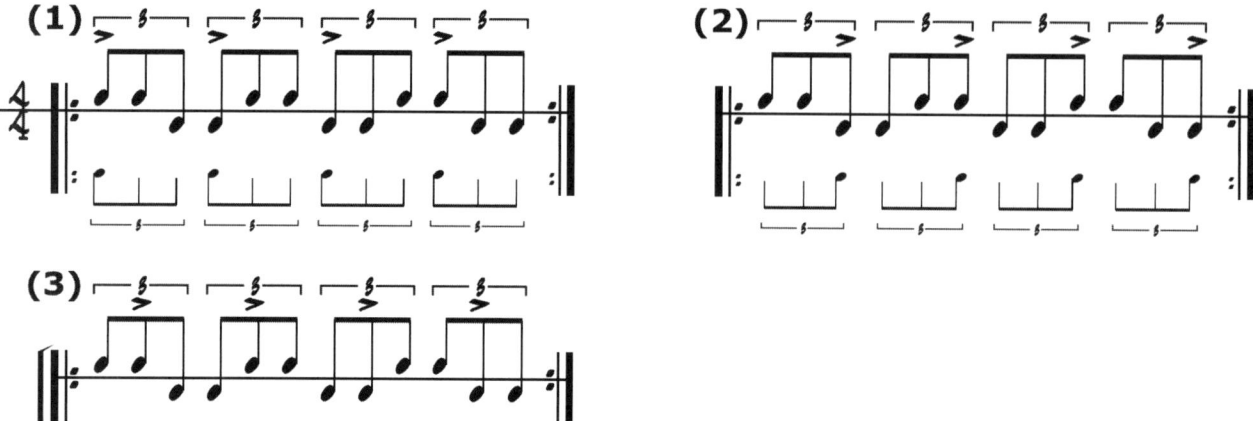

Sobald du die einzelnen Takte gut spielen kannst, fasst du die ersten drei Takte zu einer *dreitaktigen* Übung zusammen. Dabei *spielst* du auch Akzente, wenn du im Lesetext eingeklammerte Noten siehst.

Double-Stroke Roll – Triplets 1.3

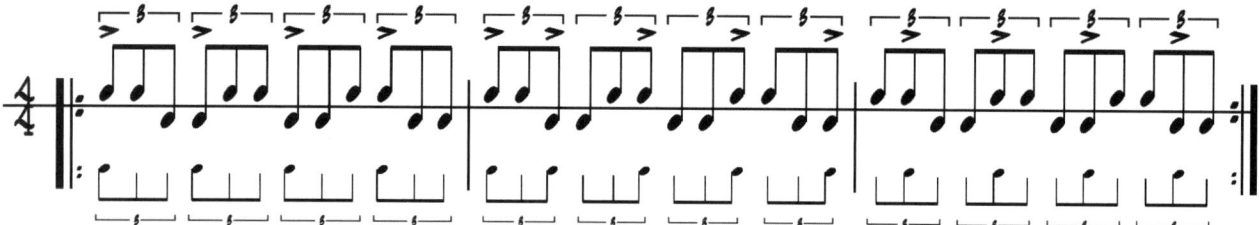

Nachdem du jetzt alle drei Möglichkeiten kennengelernt hast, einen Akzent pro Viertel zu spielen, spielst du *Kombinationen* aus Einzelakzenten.

Double-Stroke Roll – Triplets 1.4 zeigt *Zeile 2* von **Lesetext 7**.

Double-Stroke Roll – Triplets 1.4

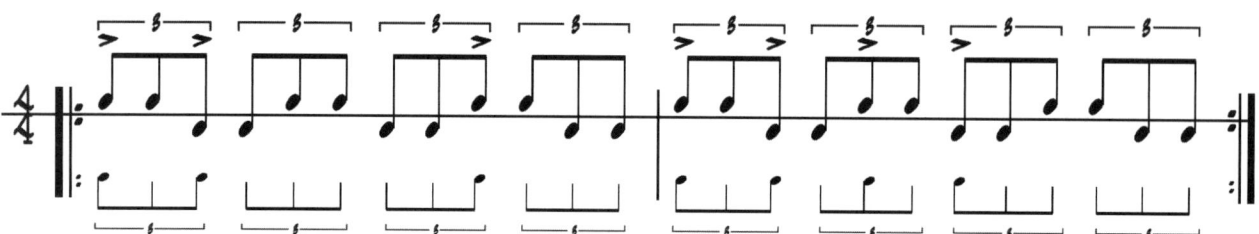

So geht's weiter:

Spiele die anderen Akzentuierungen von **Lesetext 7** (*Zeilen 3 bis 9*).

Danach übst du **Lesetext 8: Achteltriolen – Moving Accents / Groups of 2**. Hier gibt es im Unterschied zu vorher nun auch *zwei* aufeinander folgende Akzente.

Die Herangehensweise ist unverändert: In Übung **Double-Stroke Roll – Triplets 1.5** spielst du die ersten *drei* Takte von **Lesetext 8** *einzeln*.

Double-Stroke Roll – Triplets 1.5

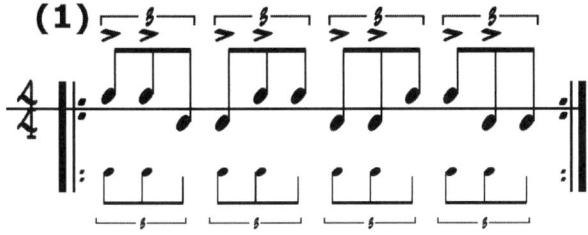

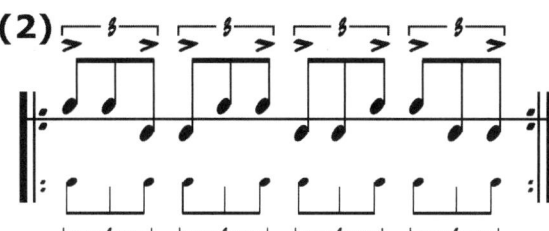

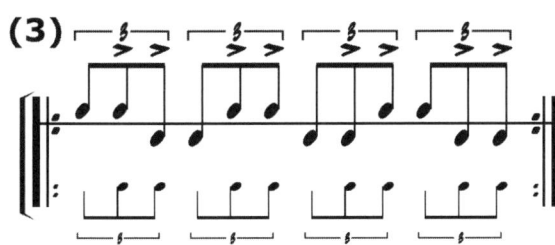

Als Nächstes *kombinierst* du die ersten drei Takte zu einer dreitaktigen Übung.

Um nicht mehr als zwei Akzente hintereinander zu spielen, spielen wir *keinen* Akzent auf dem letzten Schlag von **Takt 3** (*siehe Übung* **Double-Stroke Roll – Triplets 1.6**).

Double-Stroke Roll – Triplets 1.6

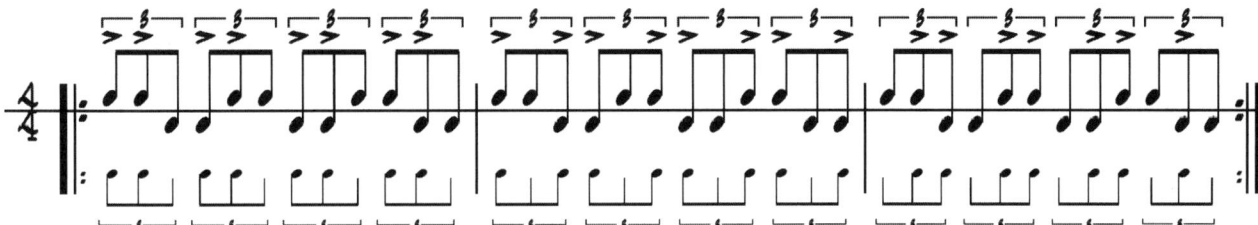

Double-Stroke Roll – Triplets 1.7 zeigt *Zeile 2* von **Lesetext 8**.

Double-Stroke Roll – Triplets 1.7

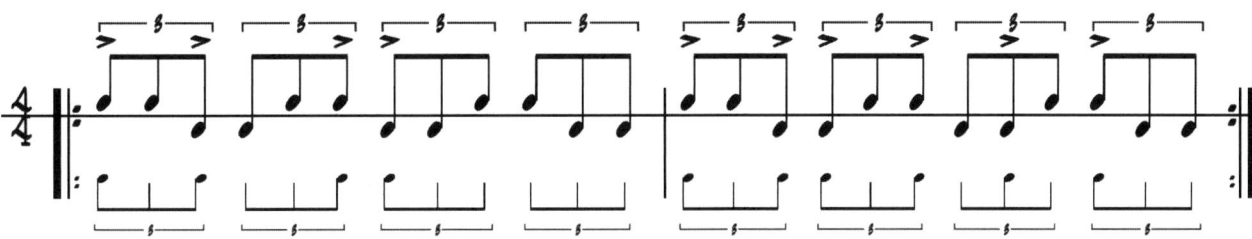

> *So geht's weiter:*
>
> Spiele die anderen Akzentuierungen von **Lesetext 8** (*Zeilen 3 bis 9*).
>
> Danach übst du **Lesetext 9: Achteltriolen – Groups of 3+**. Hier gibt es im Unterschied zu vorher *drei oder mehr* aufeinander folgende Akzente.

Double-Stroke Roll – Triplets 1.8 zeigt *Zeile 1* von **Lesetext 9**.

Double-Stroke Roll – Triplets 1.8

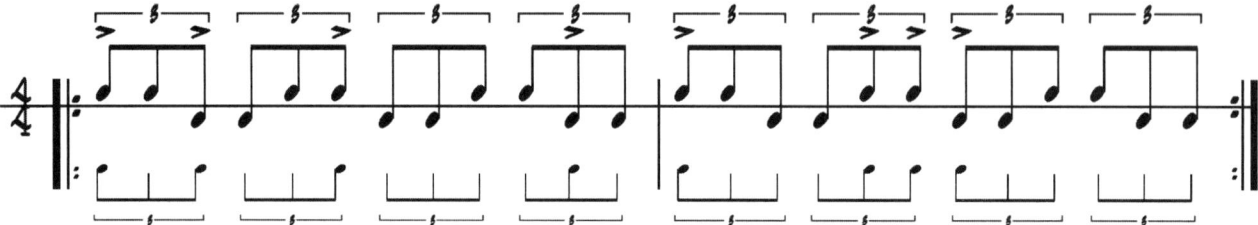

> *So geht's weiter:*
>
> Spiele die anderen Akzentuierungen von **Lesetext 9** (*Zeilen 2 bis 10*).
>
> Danach übst du **Lesetext 10: Achteltriolen – 3/5/7 Groups of 1**, bei dem es um *3er-, 5er-* und *7er-Gruppen* geht.

Im *Lesetext* siehst du einen Takt *3er-Gruppen*, den ich ausschließlich notiert habe, damit du eine Übersicht über alle Gruppen auf einer Seite hast.

Die 3er-Gruppen in Triolen kannst du aber *überspringen*, da diese identisch mit **Takt 1** von **Lesetext 7** sind. (*Vergleiche dazu **Double-Stroke Roll – Triplets 1.2** auf Seite 100 dieses Kapitels*).

Jetzt geht es weiter mit 5er-Gruppen in Achteltriolen.

Zur Erinnerung:

Bei *5er-Gruppen* ist es sehr verbreitet, Akzente auf dem *ersten* und *dritten Schlag* jeder 5er-Gruppe zu spielen, wie in Übung **Double-Stroke Roll – Triplets 1.9** zu sehen ist.

Double-Stroke Roll – Triplets 1.9

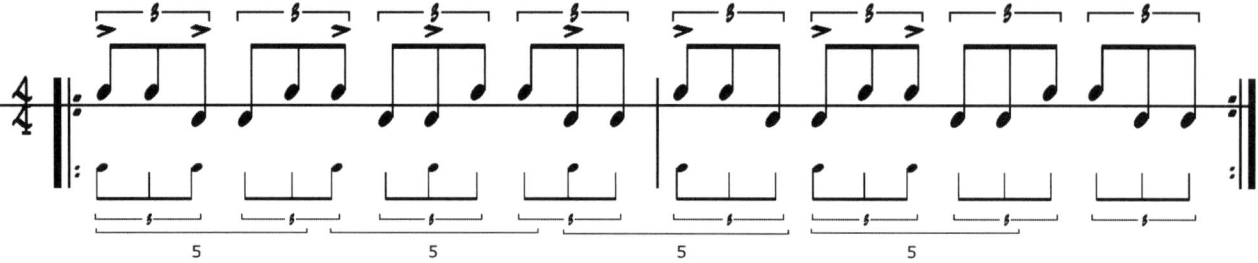

Im *Lesetext* ist die Rhythmik der *5er-Gruppe* über *vier* Takte ausnotiert. Spiele die 5er-Gruppe auch über diese vier Takte.

Bei *7er-Gruppen* ist es sehr verbreitet, Akzente auf dem *ersten, dritten und fünften* Schlag jeder 7er-Gruppe zu spielen, wie in Übung **Double-Stroke Roll – Triplets 1.10** zu sehen ist.

Double-Stroke Roll – Triplets 1.10

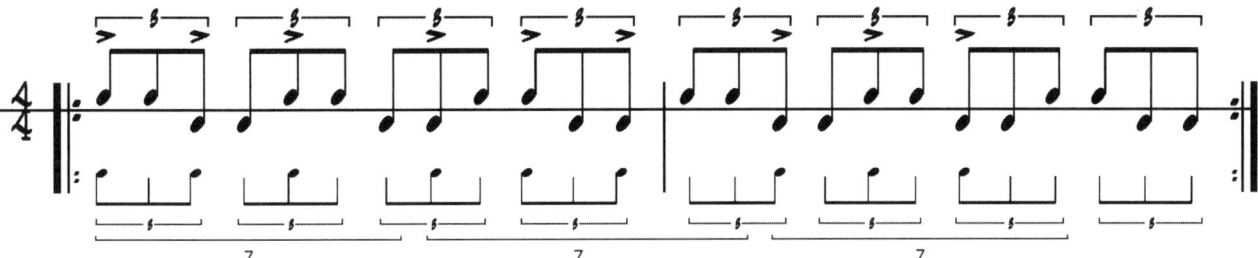

Wie du schon weißt, gibt es auch verschiedene andere Akzentuierungen für *3er-, 5er-* und *7er-Gruppen*. ***Lesetext 11: Achteltriolen – 3/5/7 Groups of 2*** zeigt eine weitere Art. Hier gibt es im Unterschied zu vorher nun auch *zwei* aufeinander folgende Akzente.

Auch in diesem *Lesetext* siehst du einen Takt *3er-Gruppen*, den ich notiert habe, damit du eine Übersicht über alle Gruppen auf einer Seite hast.

Die *3er-Gruppen* in Triolen kannst du aber *überspringen*, da diese identisch mit **Takt 2** von ***Lesetext 8*** sind. (*Vergleiche dazu Nummer 2 von* **Double-Stroke Roll – Triplets 1.5** *auf Seite 101 dieses Kapitels*).

Bei der *5er-Gruppe* spielst du *drei* Akzente auf dem *ersten, dritten und fünften Schlag* jeder 5er-Gruppe.

Double-Stroke Roll – Triplets 1.11

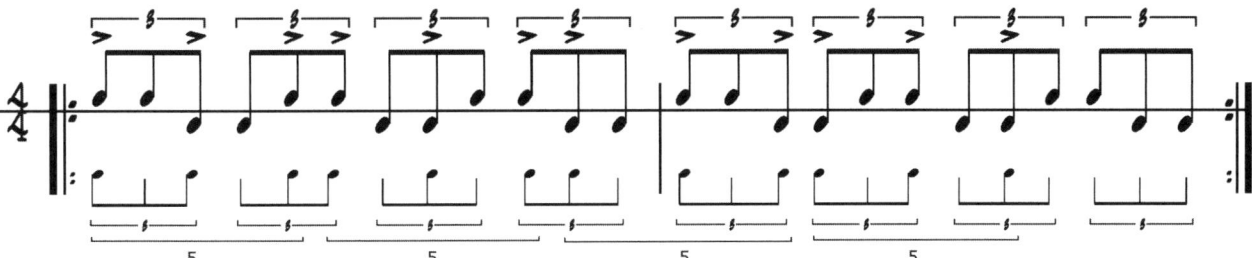

Bei der *7er-Gruppe* spielst du *vier* Akzente auf dem *ersten, dritten, fünften und siebten* Schlag jeder 7er-Gruppe.

Double-Stroke Roll – Triplets 1.12

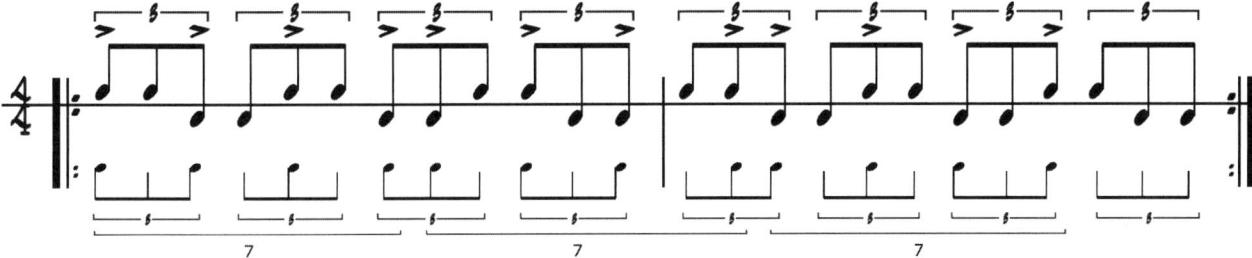

Jetzt hast du *alle Lesetexte* in Triolen kennengelernt, und ich denke, es ist klar, dass du alle Übungen aus *Kapitel 2* auch in Achteltriolen spielen kannst.

Um Missverständnisse zu vermeiden, wie du die Ideen aus *Kapitel 2* in Triolen spielen kannst, habe ich im Folgenden *zwei Beispiele* pro Idee notiert. Diese beiden Beispiele basieren immer auf **Lesetext 7**.

Trotzdem solltest du die verschiedenen Übungen mit allen triolischen Lesetexten üben (***Lesetexte 6 bis 11***).

Flams 1

Als Grundlage für die *Flams* spielst du einen *Single-Stroke Roll* in *Achteltriolen* und fügst den Lesetexten entsprechend Flams hinzu.

Flams – Triplets 1.1 zeigt *Zeile 1* von **Lesetext 7** gespielt als *dreitaktige* Übung.

Flams – Triplets 1.1

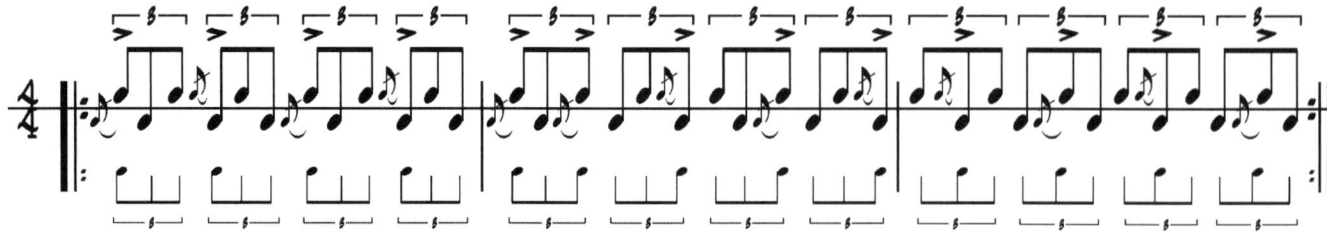

Flams – Triplets 1.2 zeigt *Zeile 2* von **Lesetext 7**.

Flams – Triplets 1.2

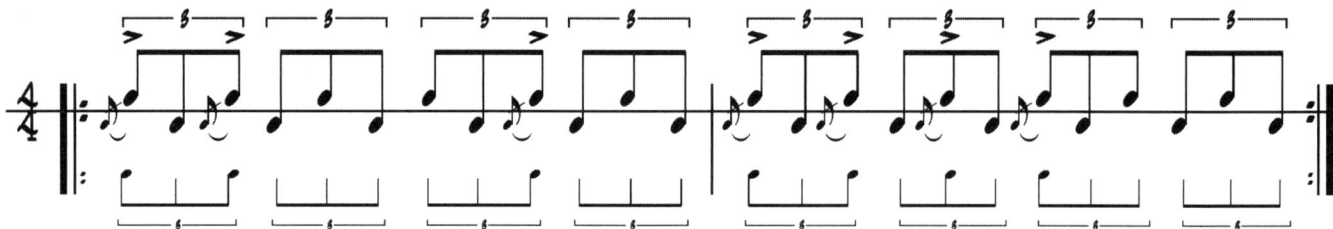

Flams 2

Die Handsätze bleiben unverändert, aber jetzt löst du die Akzentuierung von den Flams und spielst stattdessen auf jedem Viertel einen Akzent.

Flams – Triplets 2.1 zeigt *Zeile 1* von **Lesetext 7** gespielt als *dreitaktige* Übung.

Flams – Triplets 2.1

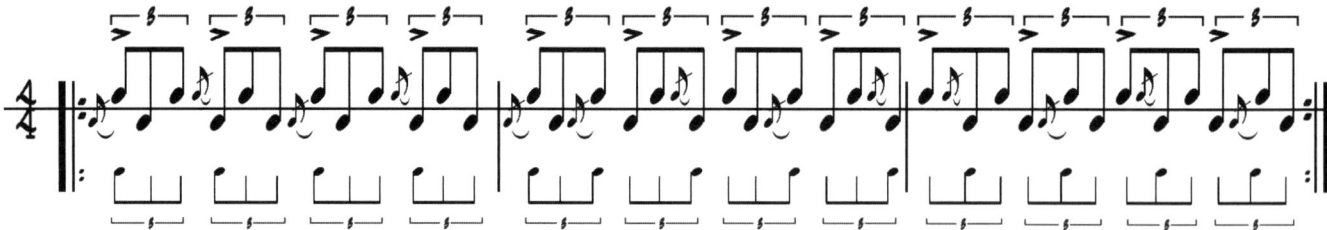

Flams – Triplets 2.2 zeigt *Zeile 2* von **Lesetext 7**.

Flams – Triplets 2.2

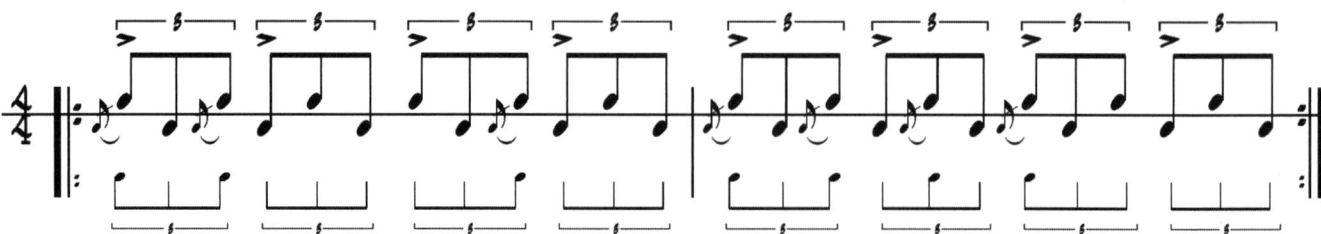

Multiple Strokes – Triplets

Immer wenn du im Lesetext einen *Akzent* (*Notenkopf*) siehst, spielst du *einhändige Achteltriolen* mit betontem ersten Schlag. Sobald du einen weiteren Akzent im Lesetext siehst, übernimmt deine *andere* Hand und spielt wiederum bis zum nächsten Akzent einhändige Achteltriolen. Die Anzahl der zu spielenden Schläge pro Hand hängt vom Lesetext ab.

Multiple Strokes – Triplets 1 zeigt *Zeile 1* von **Lesetext 7**. Aus dieser Rhythmik resultiert eine *sechstaktige* Übung, bei der du in *Zeile 1* mit der *rechten* Hand beginnst und in *Zeile 2* mit der *linken*.

Beide Zeilen basieren auf derselben Rhythmik.

Multiple Strokes – Triplets 1

Multiple Strokes – Triplets 2 zeigt *Zeile 2* von **Lesetext 7**. Aus dieser Rhythmik resultiert eine *viertaktige* Übung, bei der du in *Zeile 1* mit der *rechten* Hand beginnst und in *Zeile 2* mit der *linken*.

Beide Zeilen basieren auf derselben Rhythmik.

Multiple Strokes – Triplets 2

Ruffs – Triplets

Die Inspiration zu den nächsten Übungen kommt vom *3-Stroke Ruff*. Die drei Schläge des *3-Stroke Ruff* bestehen aus *zwei Vorschlägen* und einem *Hauptschlag* – alle als Einzelschläge gespielt.

Ruffs – Triplets 1 zeigt *Zeile 1* von **Lesetext 7**. Aus dieser Rhythmik resultiert eine *sechstaktige* Übung, bei der du in *Zeile 1* mit der *rechten* Hand beginnst und in *Zeile 2* mit der *linken*. Rhythmisch passiert in beiden Zeilen das Gleiche.

Ruffs – Triplets 1

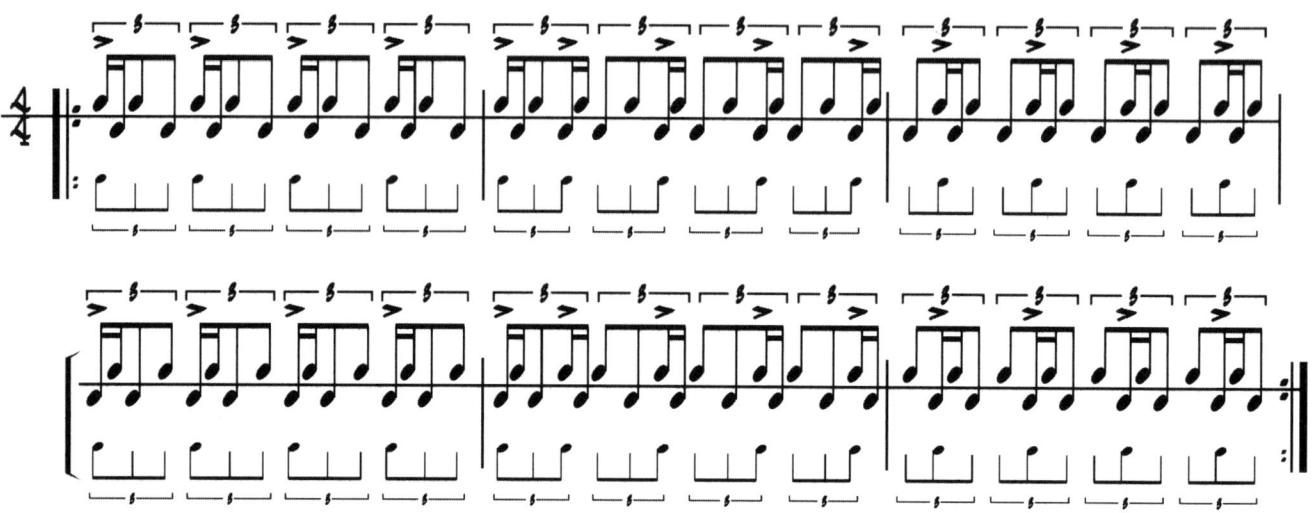

Ruffs – Triplets 2 zeigt *Zeile 2* von **Lesetext 7**. Aus dieser Rhythmik resultiert eine *viertaktige* Übung, bei der du in *Zeile 1* mit der *rechten* Hand beginnst und in *Zeile 2* mit der *linken*. Rhythmisch passiert in beiden Zeilen das Gleiche.

Ruffs – Triplets 2

4-Stroke Ruffs – Triplets

4-Stroke Ruffs sind *drei* als Einzelschläge gespielte Vorschläge gefolgt von einem Hauptschlag.
Die kommenden Übungen basieren auf einem in Achteltriolen gespielten *Single-Stroke Roll*, zu dem du den Lesetexten entsprechend *Akzente* hinzufügst.
Vor jedem dieser Akzente spielst du *drei Vorschläge* beginnend auf dem Triolenachtel davor.
(Diese drei Vorschläge sind also genauso lang wie ein Triolenachtel). Falls in den Lesetexten zwei oder mehr aufeinander folgende Akzente vorkommen, spielst du die drei Vorschläge *nur* vor dem ersten dieser Akzente.
Alle kommenden Ruff-Übungen werden mit *Einzelschlägen* gespielt. Es gibt keinerlei Doppelschläge.
Die Notation zu den folgenden beiden Übungen sieht aufgrund der vielen Triolen relativ kompliziert aus. Denke beim Spielen daran, dass die drei Vorschläge genauso lang wie eine Achteltriole sind.
4-Stroke Ruffs – Triplets 1 zeigt *Zeile 1* von **Lesetext 7** gespielt als *dreitaktige* Übung.

4-Stroke Ruffs – Triplets 1

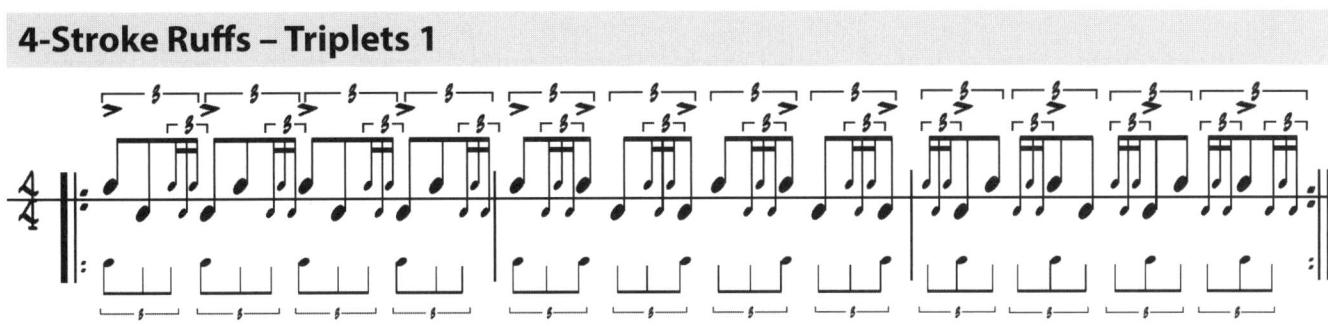

4-Stroke Ruffs – Triplets 2 zeigt *Zeile 2* von **Lesetext 7**.

4-Stroke Ruffs – Triplets 2

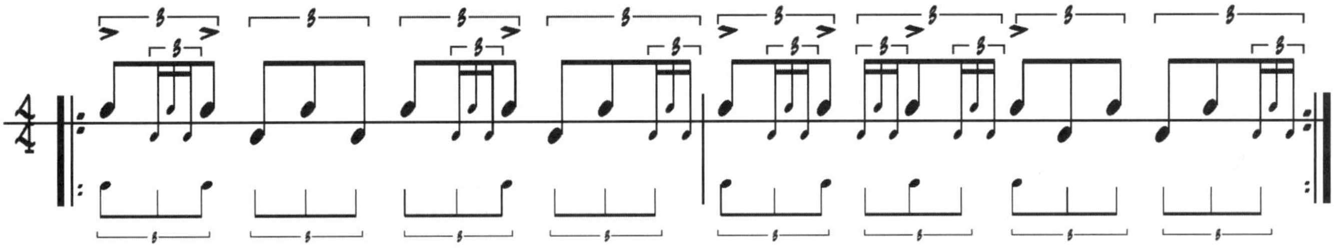

Foto © Meinl

Double-Stroke Roll 2 – Triplets

Die kommenden Übungen zum Thema *Double-Stroke Roll* basieren ebenfalls auf einem in *Achteltriolen* gespielten *Single-Stroke Roll*, zu dem du den Lesetexten entsprechend *Akzente* hinzufügst.

Alle nicht akzentuierten Noten werden *verdoppelt*: Aus einem Triolenachtel werden zwei einhändig gespielte Triolensechzehntel.

Double-Stroke Roll – Triplets 2.1 zeigt *Zeile 1* von **Lesetext 7** gespielt als *dreitaktige* Übung.

Double-Stroke Roll – Triplets 2.1

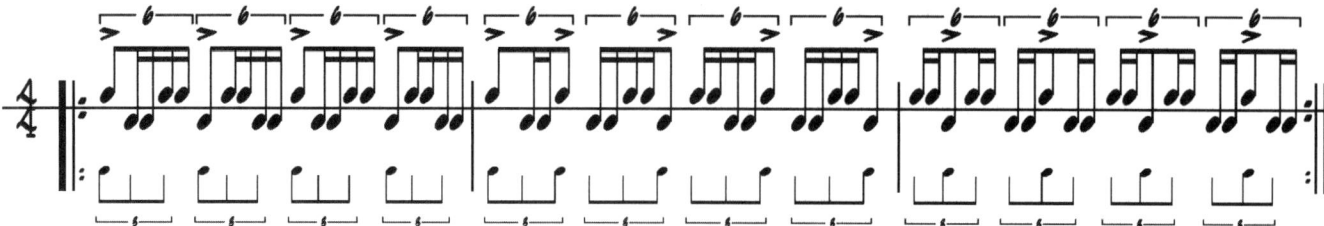

Double-Stroke Roll – Triplets 2.2 zeigt *Zeile 2* von **Lesetext 7**.

Double-Stroke Roll – Triplets 2.2

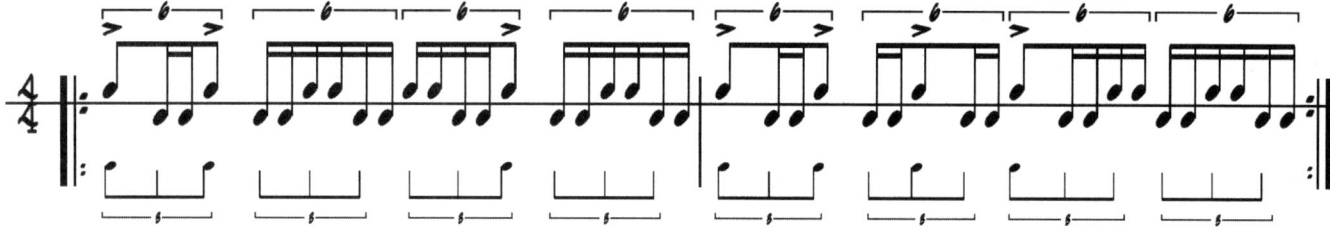

Inverted Double-Stroke Roll 1 – Triplets

Bei den kommenden Übungen spielst du einen *Inverted Double-Stroke Roll* in *Sechzehnteltriolen*, dem du den Lesetexten entsprechend *Akzente* hinzufügst. Da sich alle Akzente auf dem *zweiten* Schlag des jeweiligen Doppelschlages befinden, ist diese Übung nicht ganz einfach, aber sehr lohnenswert.

Inverted Double-Stroke Roll – Triplets 1.1 zeigt *Zeile 1* von **Lesetext 7** gespielt als *dreitaktige* Übung.

Inverted Double-Stroke Roll – Triplets 1.1

Inverted Double-Stroke Roll – Triplets 1.2 zeigt *Zeile 2* von **Lesetext 7**.

Inverted Double-Stroke Roll – Triplets 1.2

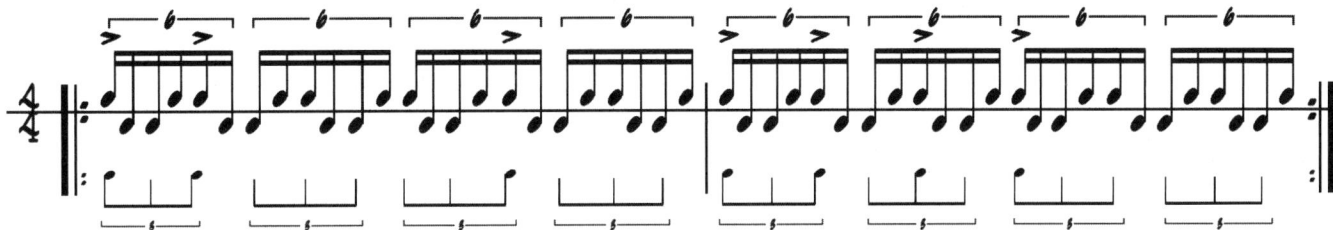

Inverted Double-Stroke Roll 2 – Triplets

Folgende Vereinfachung des *Inverted Double-Stroke Roll* trägt dazu bei, dass du den Roll schneller spielen kannst: Wir lassen alle Sechzehnteltriolen vor den Akzenten weg und spielen *Achteltriolen* anstelle von Sechzehnteltriolen *vor* den Akzenten. Dies funktioniert zum einen besser in höheren Tempi und klingt zum anderen auch interessanter, weil du nun in *zwei Subdivisions* spielst, nämlich Achteltriolen und Sechzehnteltriolen.

Inverted Double-Stroke Roll – Triplets 2.1 zeigt *Zeile 1* von **Lesetext 7** gespielt als *dreitaktige* Übung.

Inverted Double-Stroke Roll – Triplets 2.1

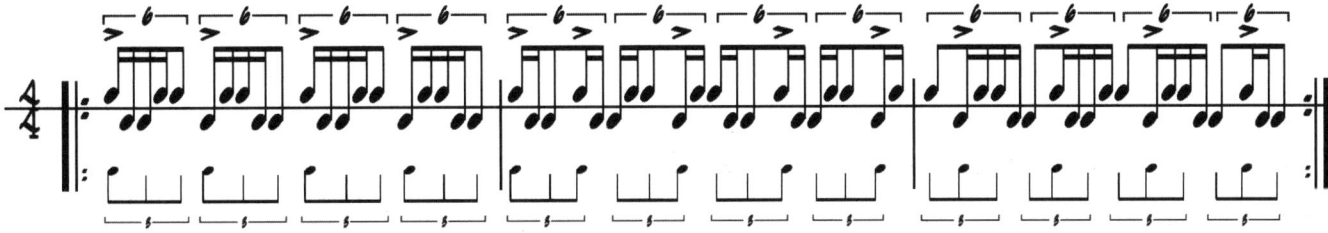

Inverted Double-Stroke Roll – Triplets 2.2 zeigt *Zeile 2* von **Lesetext 7**.

Inverted Double-Stroke Roll – Triplets 2.2

Kapitel 5 | Kombination aus Achtel- und Sechzehnteltriolen:
Singles und Inverted Paradiddles

Genau wie *Kapitel 4* im Prinzip die triolische Version von *Kapitel 2* ist, geht es in diesem Kapitel darum, die Übungen aus *Kapitel 3* auf *Triolen* zu übertragen.

Es ändert sich also nur der rhythmische Zusammenhang, in dem du die Übungen spielst, nicht die Übungen an sich.

Obwohl die Schlagabfolgen gleich bleiben, steigt die Schwierigkeit der Übungen durch die Änderung der Subdivision enorm.

Singles – Triplets

Alle Übungen in *Kapitel 3* sind eine *Kombination* aus 32tel- und 16tel-Noten. Da wir die Übungen nun in Triolen spielen, passiert Folgendes:

32tel-Noten	werden zu	**Sechzehnteltriolen.**
16tel-Noten	werden zu	**Achteltriolen.**

Ziel der Übungen ist es, eine bessere Kontrolle über plötzliche Tempowechsel zu bekommen.

Zur Erinnerung ist hier noch einmal Übung *Singles 1* aus *Kapitel 3*, bei der vier 32tel-Noten mit zwei 16tel-Noten kombiniert werden. Diese Kombination hat eine Länge von vier Sechzehntelnoten (*siehe Markierung*) und wird viermal gespielt.

Singles 1 (aus Kapitel 3)

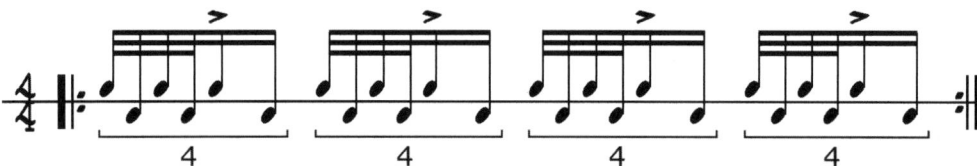

Wenn du diese Übung in *Achteltriolen* spielst, hast du also *vier* Sechzehnteltriolen, gefolgt von zwei Achteltriolen. Diese Kombination hat eine Länge von vier Achteltriolen und wird *dreimal* gespielt.

Wie du in *Singles 1 – Triplets* siehst, fangen die Sechzehnteltriolen innerhalb des Taktes immer an einer anderen Stelle an.

Singles 1 – Triplets

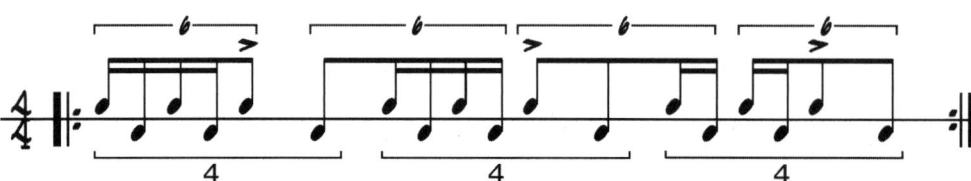

Polyrhythmus 3 über 4:

Wenn du *4er-Gruppen* in *Achteltriolen* spielst, teilst du einen 4/4-Takt in *drei* gleichgroße Teile ein. Das zugrundeliegende rhythmische Prinzip bezeichnet man entweder als *Polyrhythmus 3 über 4*, weil du hier drei Figuren bzw. Akzente gleichmäßig über einen 4/4-Takt verteilst, oder man spricht von *Halbetriolen*.

Zeile 1 zeigt Übung *Singles 1 – Triplets*.

Zeile 2 zeigt **3 über 4**, den zugrundeliegenden Rhythmus mit allen Subdivisions.

Zeile 3 zeigt **3 über 4** als *Halbetriolen* notiert (gleicher Rhythmus wie *Zeile 2*).

Die nächste Übung *Singles 2 – Triplets* ist wie die vorherige, nur beginnt die Übung an anderer Stelle im Takt.

Singles 2 – Triplets

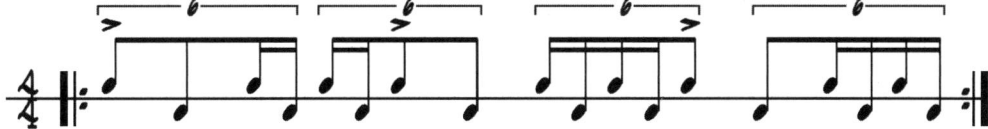

In *Singles 3 – Triplets* spielst du dreimal das Gleiche: eine 2er-Gruppe (**R L R L** in Sechzehnteltriolen) gefolgt von zwei 3er-Gruppen (**R L L** in Achteltriolen).

Die Zahlen unter der Notation markieren die Länge der Figuren in Achteltriolen und nicht die Anzahl der Schläge.

Singles 3 – Triplets

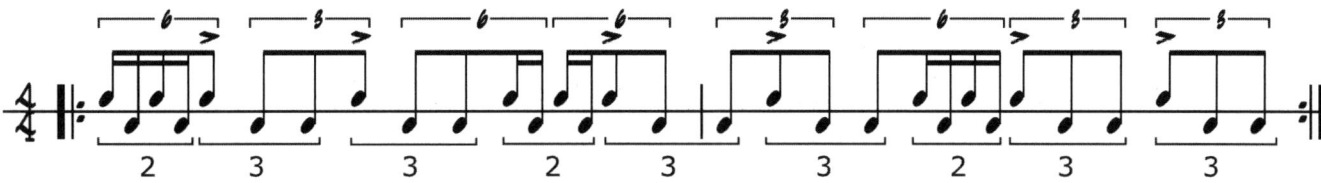

In der folgenden zweitaktigen Übung *wechselst* du zwischen den oben genannten *2er- und 3er-Gruppen*.

Singles 4 – Triplets

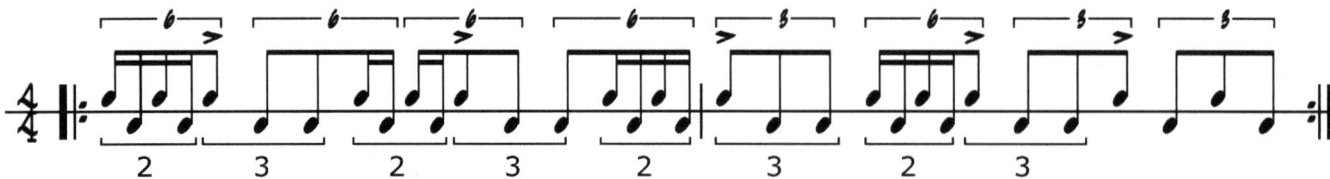

Spiele **Singles 1 – Triplets bis Singles 4 – Triplets** noch einmal und führe mit der *linken* Hand als Vorbereitung auf die folgende Übung. **Singles 5 – Triplets** ist eine *viertaktige* Übung, bei der du in *Zeile 1* mit der *rechten* Hand führst und in *Zeile 2* mit der *linken*. Abgesehen vom Handsatz sind beide Zeilen identisch.

Singles 5 – Triplets

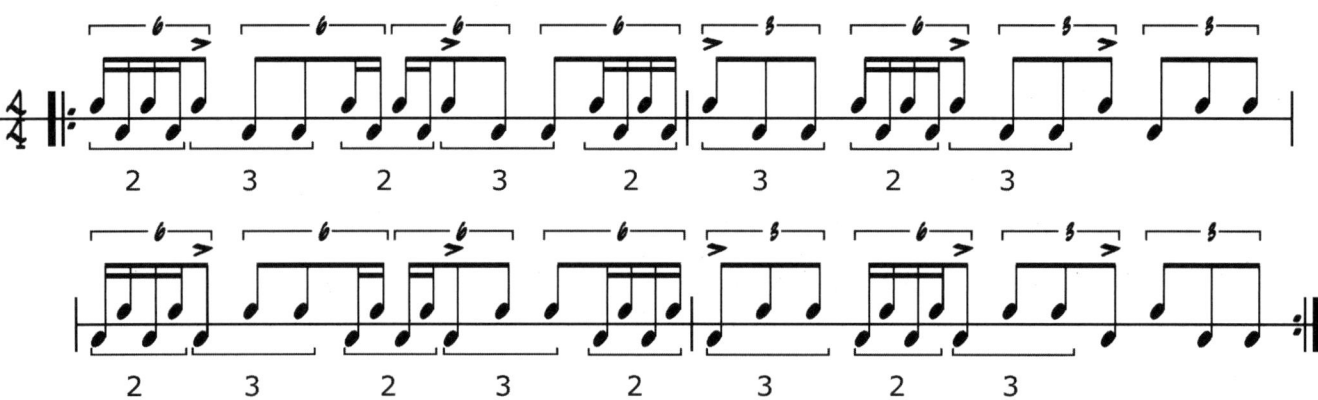

Als Nächstes *verlängerst* du den schnellen Teil der Übung auf acht als Einzelschläge gespielte Sechzehnteltriolen, gefolgt von vier als Einzelschläge gespielten Achteltriolen.

Singles 6 – Triplets

Die folgende Übung ist eine *verschobene* Version von **Singles 6 – Triplets**.

Singles 7 – Triplets

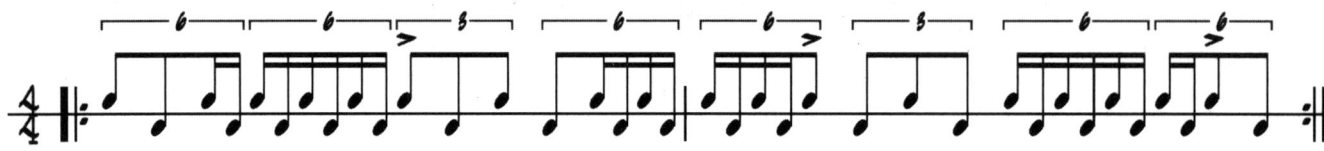

In der zweitaktigen Übung *Singles 8 – Triplets* spielst du eine *4er-Gruppe* (**R L R L R L R L** in Sechzehnteltriolen) gefolgt von *zwei 3er-Gruppen* (**R L L** in Achteltriolen).

Zur Erinnerung: Die Zahlen unter der Notation markieren die Länge der Figuren in Achteltriolen und nicht die Anzahl der Schläge.

Singles 8 – Triplets

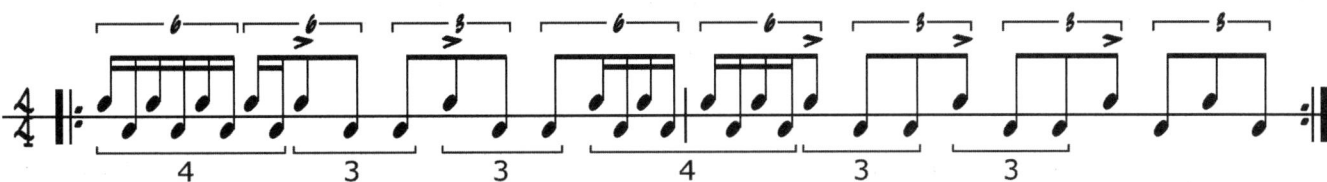

In der nächsten zweitaktigen Übung *wechselst* du zwischen den oben genannten *4er- und 3er-Gruppen.*

Singles 9 – Triplets

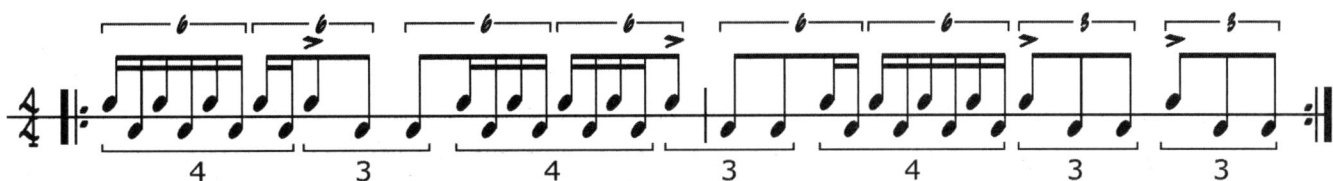

Um dich auf die kommende Übung vorzubereiten, spiele *Singles 6 – Triplets bis Singles 9 – Triplets* noch einmal und führe mit der *linken* Hand.

Singles 10 – Triplets ist eine viertaktige Übung, bei der du in *Zeile 1* mit der *rechten* Hand führst und in *Zeile 2* mit der *linken*. Abgesehen vom Handsatz sind beide Zeilen identisch.

Singles 10 – Triplets

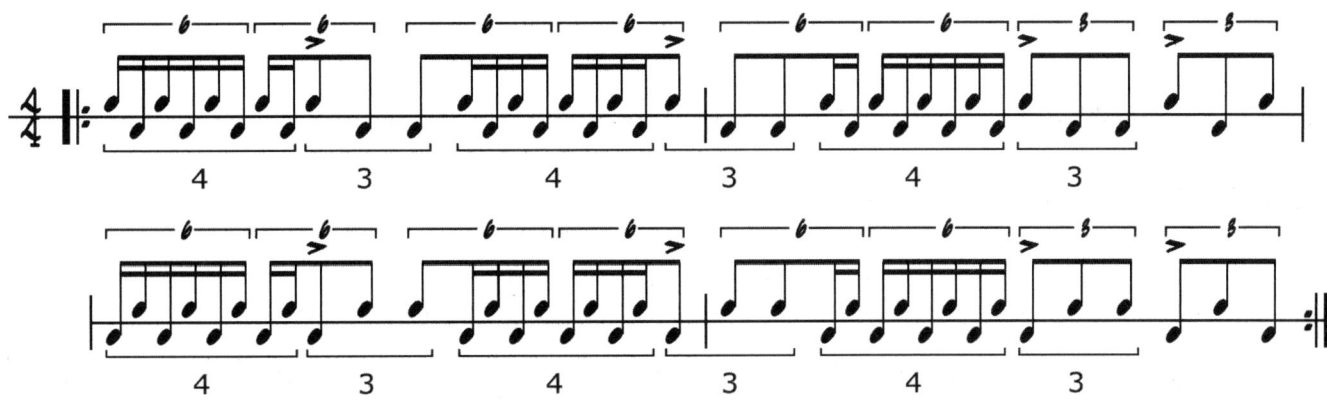

113

Jetzt *kombinierst* du Übung **Singles 4 – Triplets** (hier spielst du Sechzehnteltriolen über *zwei* Achteltriolen) mit **Singles 9 – Triplets** (hier spielst du Sechzehnteltriolen über *vier* Achteltriolen).

Die folgenden Übungen zeigen vier verschiedene *Kombinationen*. Die benötigten technischen Fähigkeiten sind die gleichen wie vorher, allerdings verbesserst du diese weiter durch die anspruchsvollere Rhythmik.

Singles Kombination 1 – Triplets

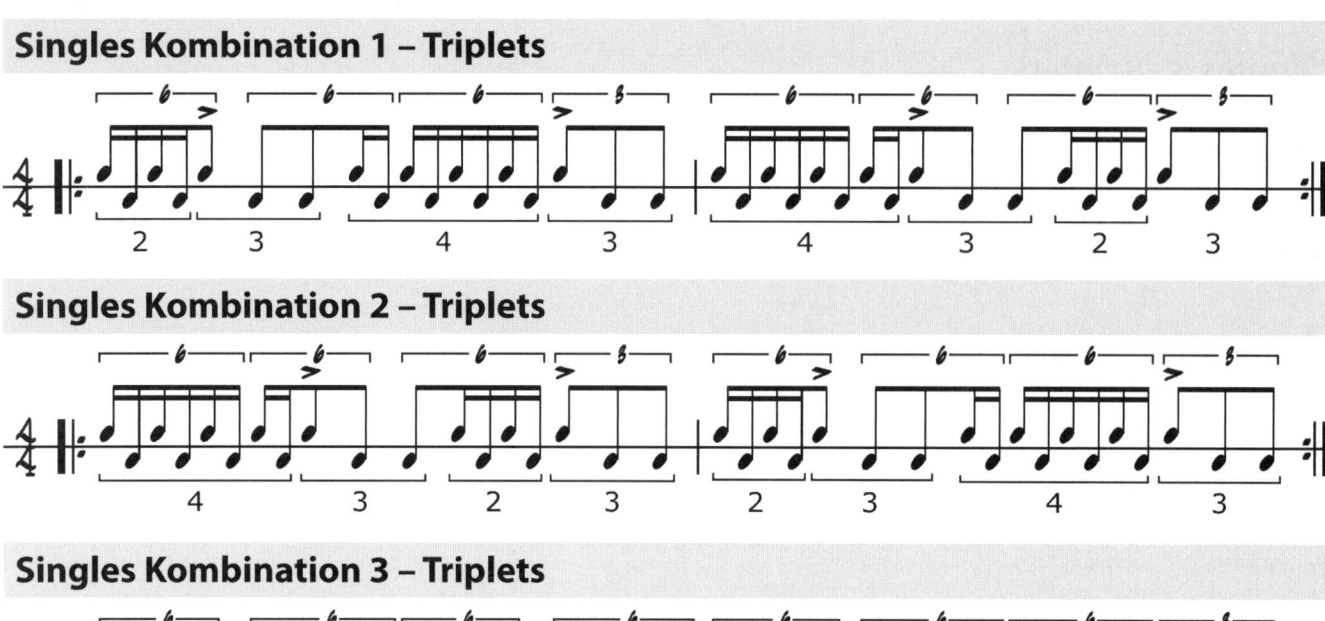

Singles Kombination 2 – Triplets

Singles Kombination 3 – Triplets

Singles Kombination 4 – Triplets

Tipp:

In *Kapitel 3*, wo wir diese Übungen mit 32tel- und 16-Noten gespielt haben, habe ich alle Übungen auch mit *Doppelschlägen* anstelle von Einzelschlägen notiert (*vergleiche dazu Seiten 89 bis 93*). Dies kannst du natürlich auch machen, wenn du die Übungen wie jetzt in Triolen spielst.

Zur Verdeutlichung hier Übung **Singles Kombination 4 – Triplets** mit *Doppelschlägen* anstelle von Einzelschlägen bei den Sechzehnteltriolen.

Doubles Kombination 4 – Triplets

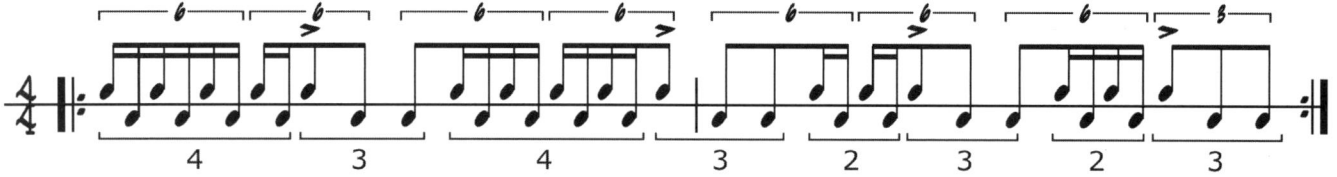

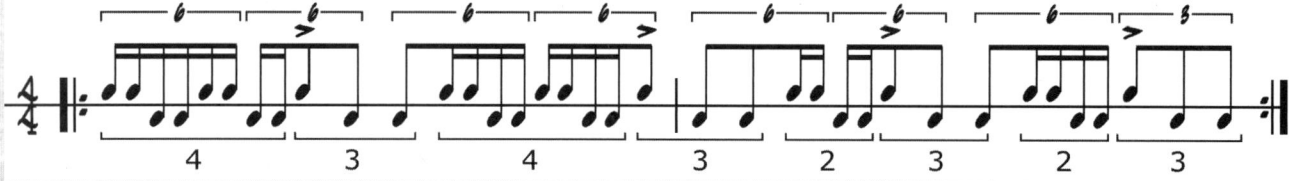

Weil das Konzept unverändert ist, habe ich mit **Doubles Kombination 4 – Triplets** nur eine der Übungen mit *Doppelschlägen* ausnotiert. Du solltest aber bei allen Übungen dieses Kapitels die Einzelschläge während der Sechzehnteltriolen durch Doppelschläge ersetzen.

114

Inverted Paradiddles – Triplets

Bei den kommenden Übungen spielst du *Inverted Paradiddles* anstelle von Einzelschlägen während der Sechzehnteltriolen.

Obwohl die Rhythmik unverändert ist, ist es schwieriger, diese Übungen mit *Inverted Paradiddles* zu spielen, weil du nach jedem gespielten Inverted Paradiddle mit der jeweils *anderen* Hand weiterspielst.

Tipp:

Die Akzentuierung ist verändert: Du spielst *Akzente* auf allen Einzelschlägen des *Inverted Paradiddle*:

Inverted Paradiddle 1 – Triplets

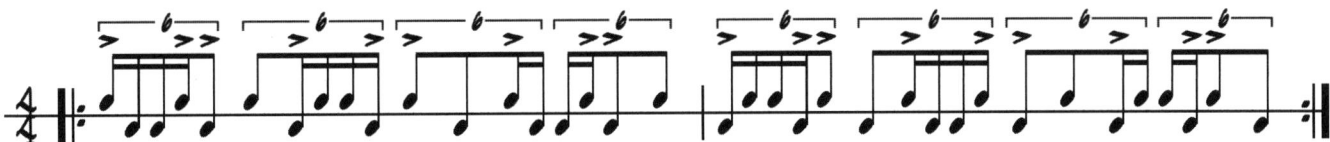

Die nächste Übung ***Inverted Paradiddle 2 – Triplets*** ist wie die vorherige, nur beginnt die Übung an anderer Stelle im Takt.

Inverted Paradiddle 2 – Triplets

In ***Inverted Paradiddle 3 – Triplets*** spielst du eine 2er-Gruppe (**R L L R** oder **L R R L** in Sechzehnteltriolen) gefolgt von zwei 3er-Gruppen (**L R R** oder **R L L** in Achteltriolen).

Zur Erinnerung: Die Zahlen unter der Notation markieren die Länge der Figuren in Achteltriolen.

Inverted Paradiddle 3 – Triplets

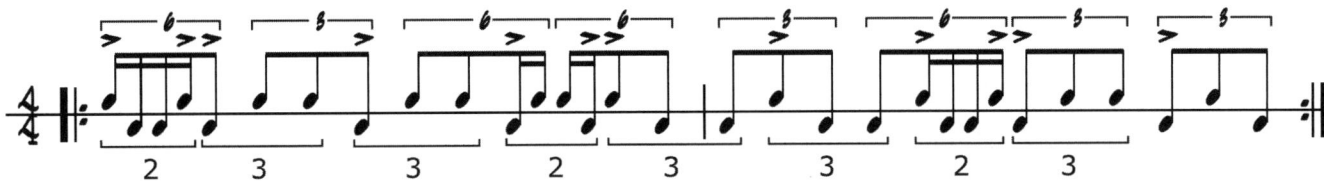

In der nächsten zweitaktigen Übung *wechselst* du zwischen den oben genannten *2er- und 3er-Gruppen*.

Inverted Paradiddle 4 – Triplets

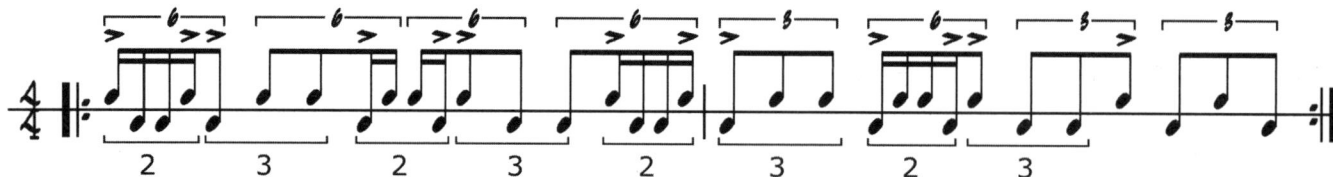

Spiele *Inverted Paradiddle 1 – Triplets bis Inverted Paradiddle 4 – Triplets* noch einmal und führe mit der *linken* Hand als Vorbereitung auf die folgende Übung.

Inverted Paradiddle 5 – Triplets ist eine viertaktige Übung, bei der du in *Zeile 1* mit der *rechten* Hand beginnst und bei der Wiederholung in *Zeile 2* mit der *linken*. Abgesehen vom Handsatz sind beide Zeilen identisch.

Inverted Paradiddle 5 – Triplets

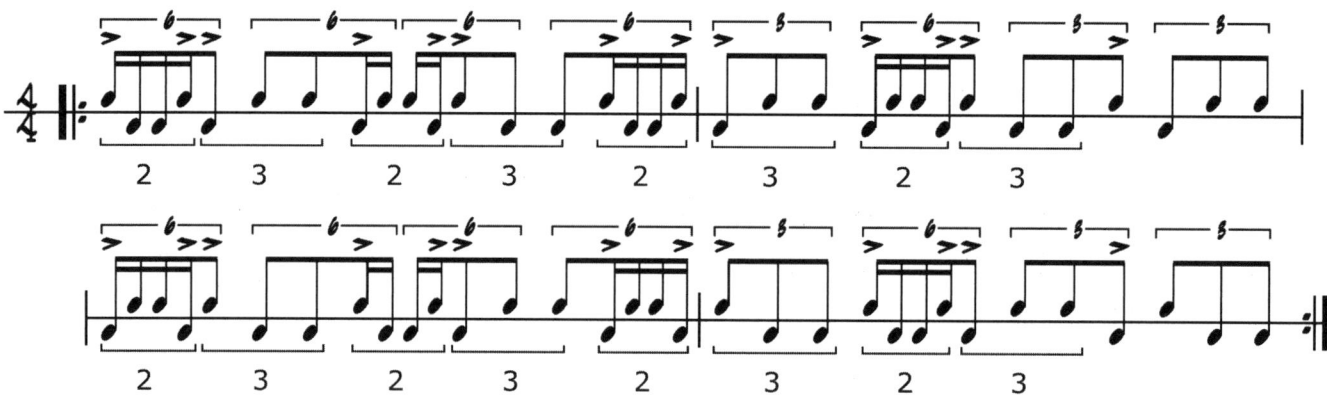

Als Nächstes *verlängerst* du den schnellen Teil der Übung auf acht als **Inverted Paradiddle** (**R L L R L R R L**) gespielte Sechzehnteltriolen. Am Ende der Sechzehnteltriolen spielst du wieder einen *Akzent* auf dem folgenden Schlag.

Inverted Paradiddle 6 – Triplets

Die kommende Übung ist eine *verschobene* Version von *Inverted Paradiddle 6 – Triplets*.

Inverted Paradiddle 7 – Triplets

In der zweitaktigen Übung *Inverted Paradiddle 8 – Triplets* spielst du eine 4er-Gruppe (**R L L R L R R L** in Sechzehnteltriolen) gefolgt von zwei 3er-Gruppen (**R L L** in Achteltriolen).

Zur Erinnerung: Die Zahlen unter der Notation markieren die Länge der Figur in Achteltriolen.

Inverted Paradiddle 8 – Triplets

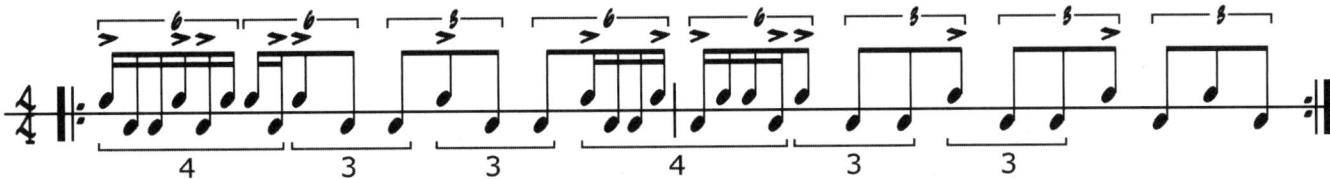

In der nächsten zweitaktigen Übung *wechselst* du zwischen den oben genannten *4er- und 3er-Gruppen*.

Inverted Paradiddle 9 – Triplets

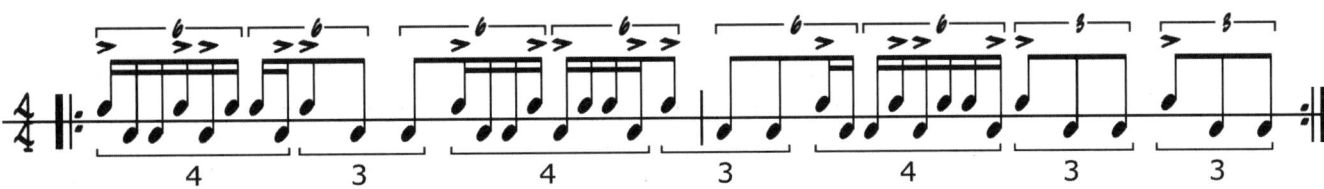

Um dich auf die kommende Übung vorzubereiten, spiele *Inverted Paradiddle 6 – Triplets bis Inverted Paradiddle 9 – Triplets* noch einmal und führe mit der *linken* Hand.

Inverted Paradiddle 10 – Triplets ist eine viertaktige Übung, bei der du in *Zeile 1* mit der *rechten* Hand führst und in *Zeile 2* mit der *linken*. Abgesehen vom Handsatz sind beide Zeilen identisch.

Inverted Paradiddle 10 – Triplets

Jetzt *kombinierst* du Übung *Inverted Paradiddle 4 – Triplets* (hier spielst du Sechzehnteltriolen über *zwei* Achteltriolen) mit *Inverted Paradiddle 9 – Triplets* (hier spielst du Sechzehnteltriolen über *vier* Achteltriolen).

Die folgenden Übungen zeigen vier verschiedene *Kombinationen*. Die benötigten technischen Fähigkeiten sind prinzipiell die gleichen wie vorher, allerdings werden die Übungen durch die anspruchsvollere Rhythmik schwieriger.

Inverted Paradiddle Kombination 1 – Triplets

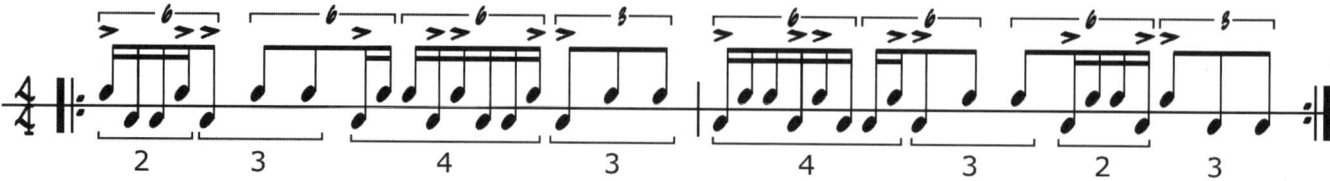

Inverted Paradiddle Kombination 2 – Triplets

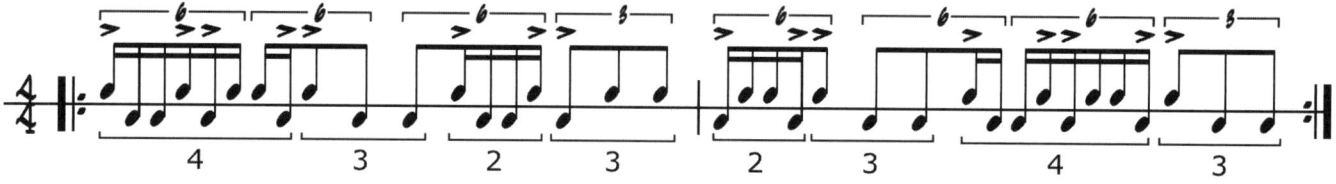

Inverted Paradiddle Kombination 3 – Triplets

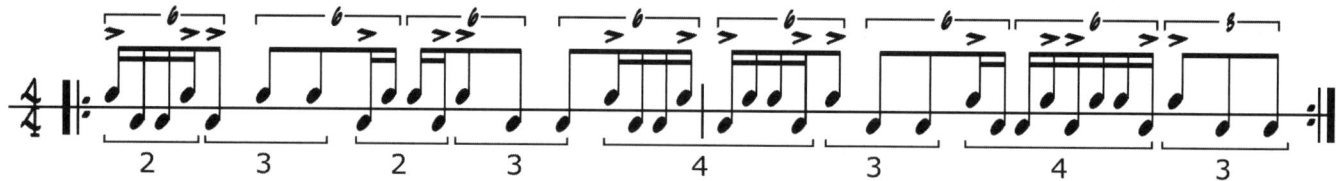

Inverted Paradiddle Kombination 4 – Triplets

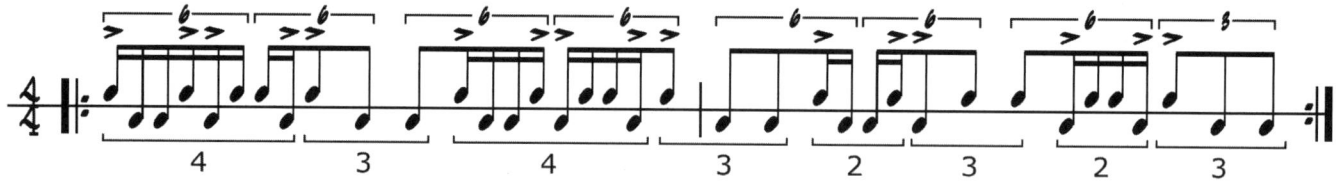

Tipp:

Wenn du jetzt denkst, du könntest auch andere Schlagabfolgen für den Sechzehnteltriolen-Teil der Übungen dieses Kapitels verwenden, liegst du absolut richtig.

Beispiele dafür wären der **Single Paradiddle** (R L R R L R L L) oder der **Inverted Double-Stroke Roll** (R L L R R L L R).

Systematisches Üben hat gerade diesen Vorteil: *Das Konzept bleibt gleich, aber der Inhalt ändert sich.*

118

Kapitel 6 | Triolen:
Ostinato | Unabhängigkeitsübungen

Bei den folgenden Übungen spielt eine Hand ein *Ostinato* (*eine sich wiederholende Figur*) und die andere Hand verschiedene Figuren zu diesem Ostinato. Im Gegensatz zu den Ostinato-Übungen aus *Kapitel 1* sind alle folgenden Übungen in *Achteltriolen*.

Alle Übungen sind in zwei Abschnitte unterteilt. Im *ersten Teil* spielt die *rechte* Hand das Ostinato und im *zweiten Teil* die *linke*.

Das Ziel ist es, die gesamte Übung von Anfang bis Ende zu spielen (und zu wiederholen). Zuerst solltest du aber jeden Takt *einzeln* üben. Im zweiten Schritt loopst du den Abschnitt, in dem die *rechte* Hand das Ostinato spielt und dann den Abschnitt, in dem die *linke* das Ostinato spielt. Erst danach spielst du die ganze Übung.

Ostinato 1 – Triplets

Rechte Hand = Ostinato

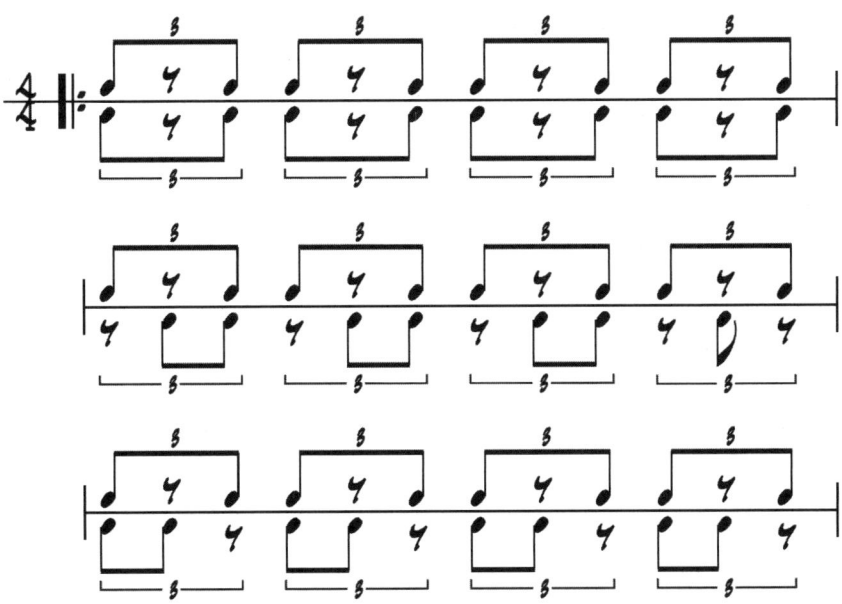

Linke Hand = Ostinato

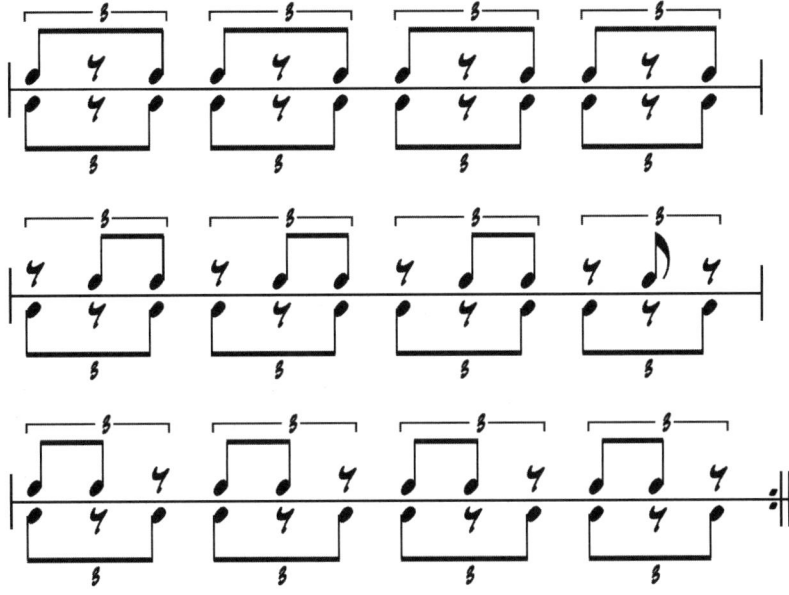

Ostinato 2 – Triplets

Rechte Hand = Ostinato

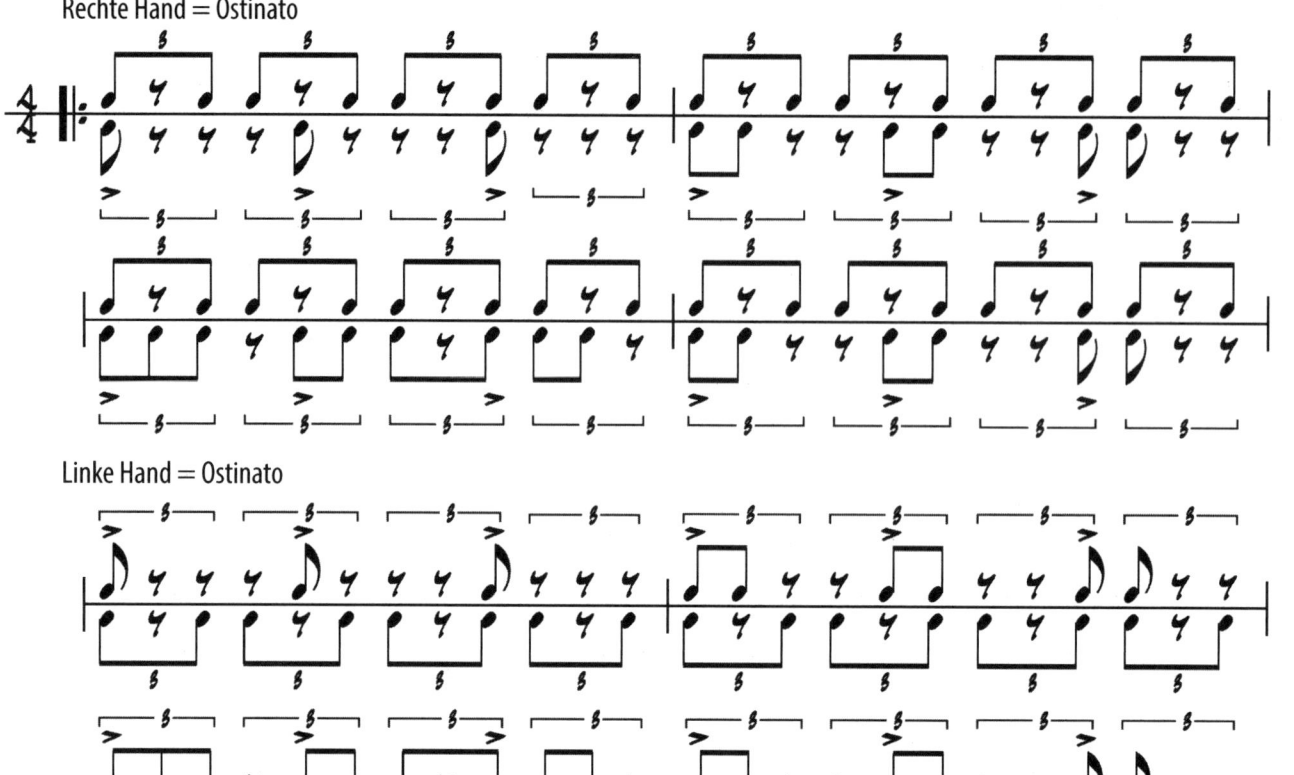

Linke Hand = Ostinato

Ostinato 3 – Triplets

Rechte Hand = Ostinato

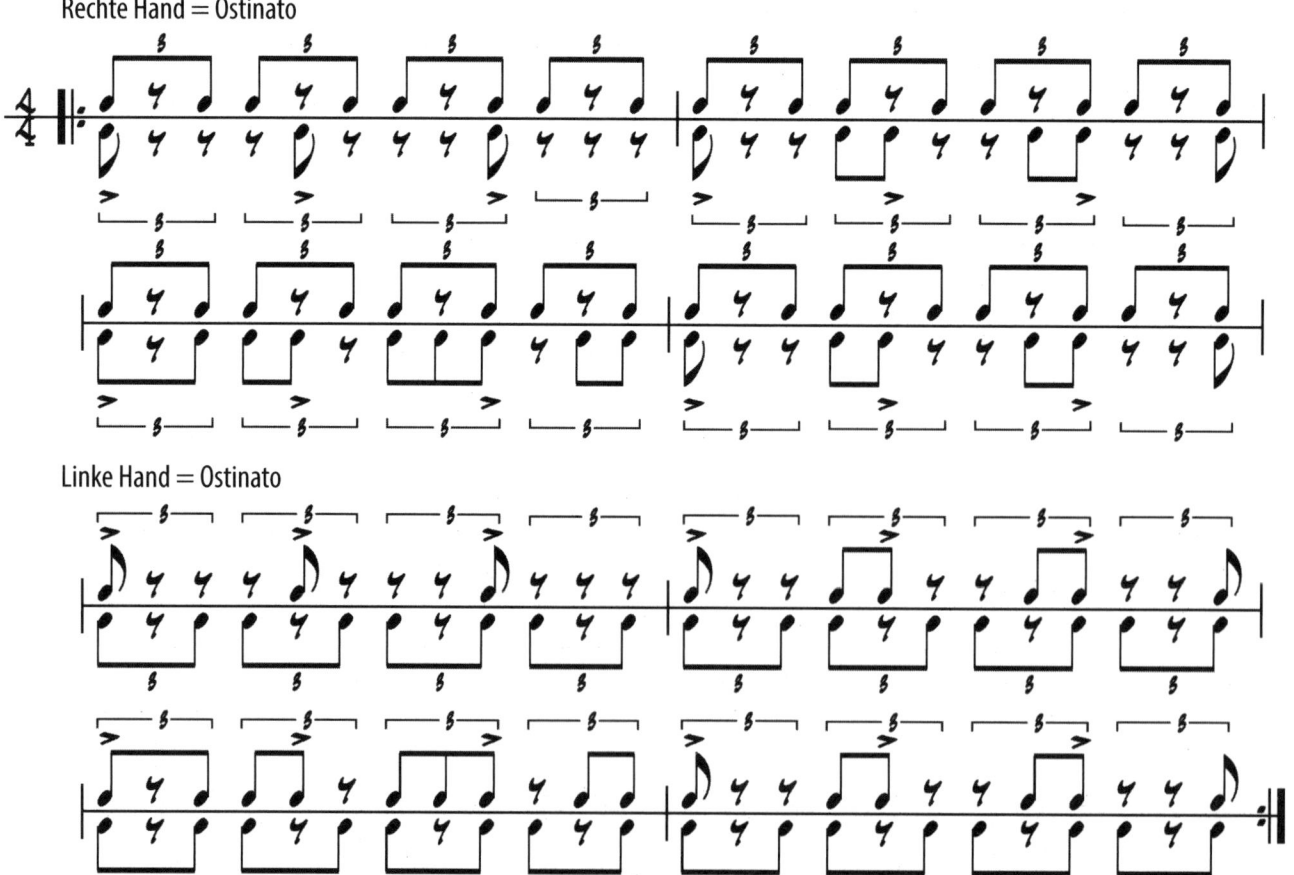

Linke Hand = Ostinato

Ostinato 4 – Triplets

Rechte Hand = Ostinato

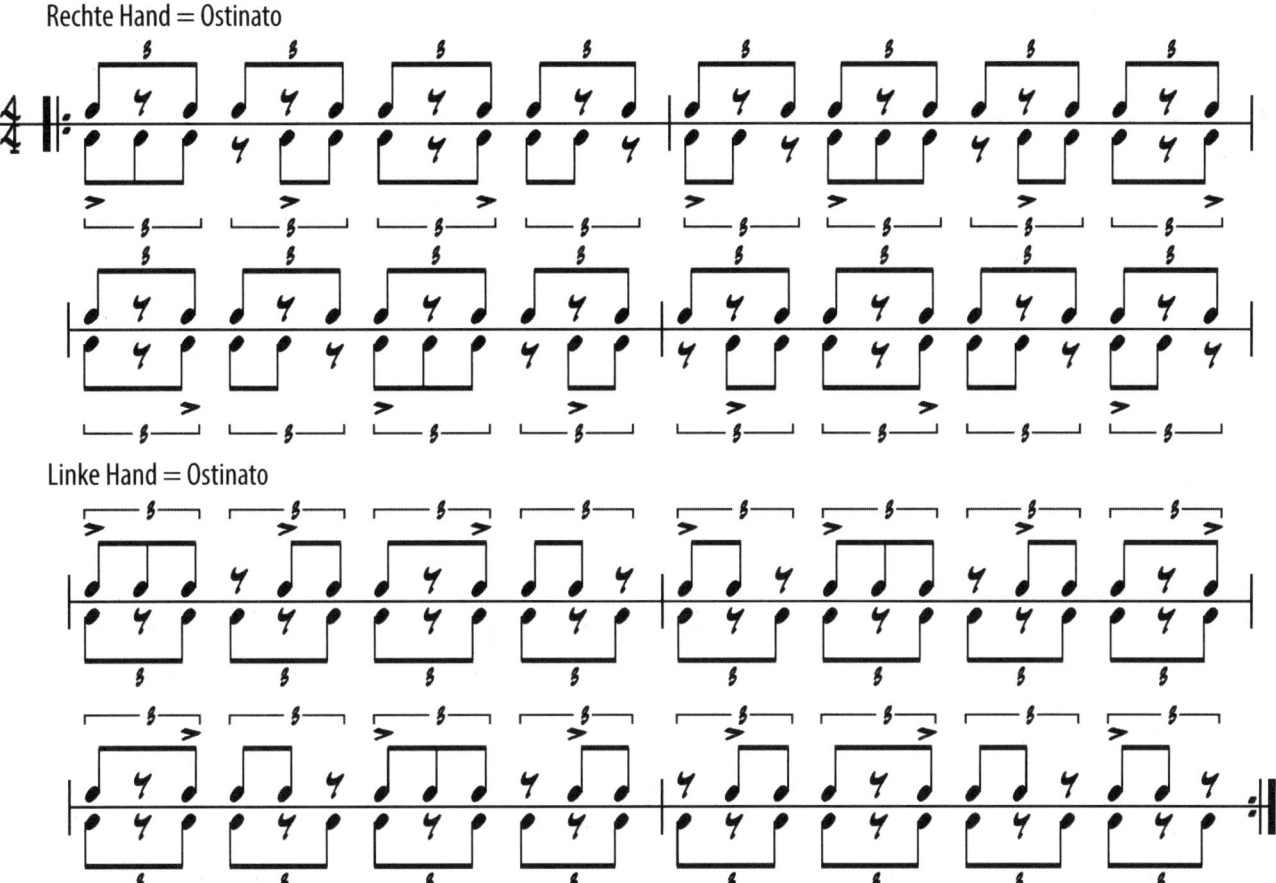

Linke Hand = Ostinato

Ostinato 5 – Triplets

Rechte Hand = Ostinato

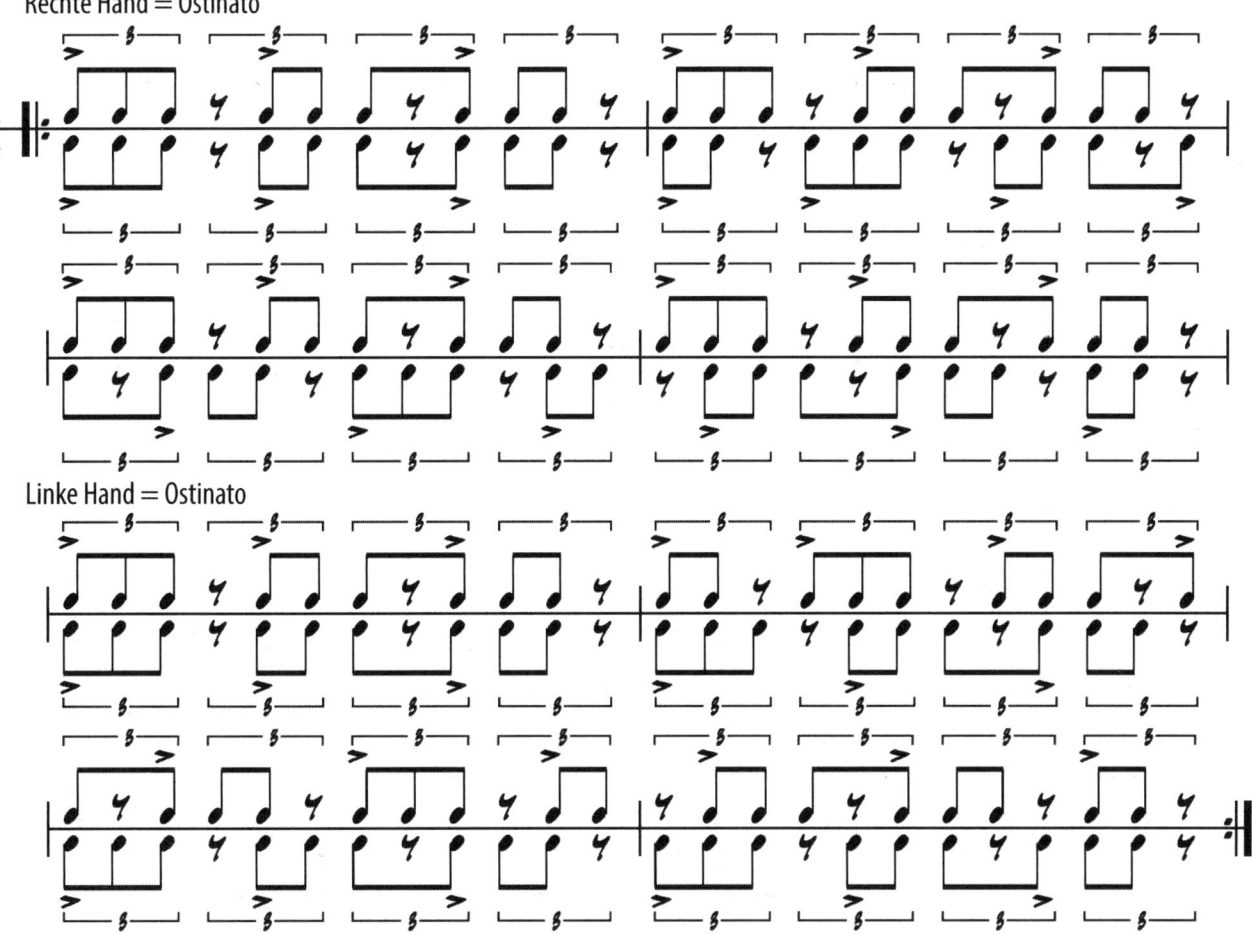

Linke Hand = Ostinato

Foto © Gerhard Kühne

JOST NICKEL
FILL BOOK

CD INSIDE

67 MP3 FILLS AND 20 VIDEOS ONLINE

SONOR

Switch & Path Orchestration
Moving Around the Kit
Clockwise & Counterclockwise
Step-Hit-HiHat
Hand & Foot-Roll
Cymbal Choke
Stick-Shot
Flam-Fills
Blushda
Diddle Kick

Alfred

Alfred

Eine FÜLLE universell einsetzbarer FILL-KONZEPTE!

Jost Nickel Fill Book | Buch & CD | 144 Seiten | ISBN-13: 978-3-943638-94-3

alfredmusic.de | alfredverlag.de

Jost Nickels
GROOVE BOOK

CD INSIDE

Groove Design
Orchestrierung
Split & Switch Grooves
Linear Grooves
Ghostnotes
Displacements
Bass Drum:
Technik & Kontrolle
Gogo-Grooves
Timing
u.v.m.

MORE THAN
200
MP3
GROOVES
AND
EXERCISES

Alfred

WAS einen guten Groove ausmacht und WIE er gespielt wird!
Jost Nickels **Groove Book** | Buch & CD | 128 Seiten | ISBN-13: 978-3-943638-84-4
alfredmusic.de | alfredverlag.de

Lesetext 2: Sechzehntelnoten – Moving Accents / Groups of 2

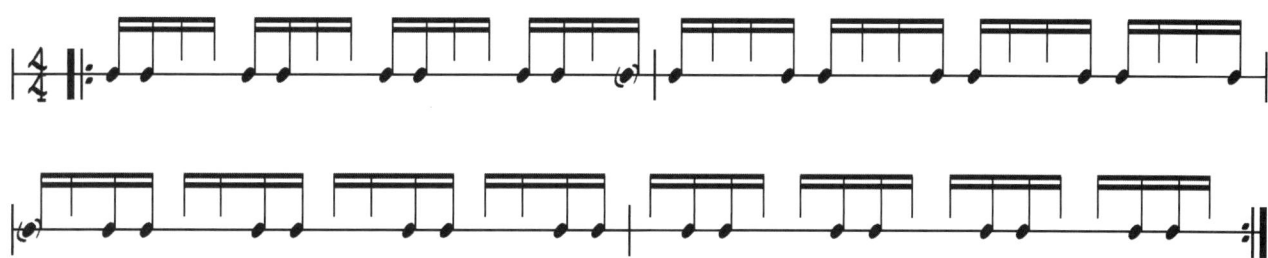

Sechzehntelnoten / Groups of 2

Lesetext 3: Sechzehntelnoten – Moving Accents / Groups of 3+

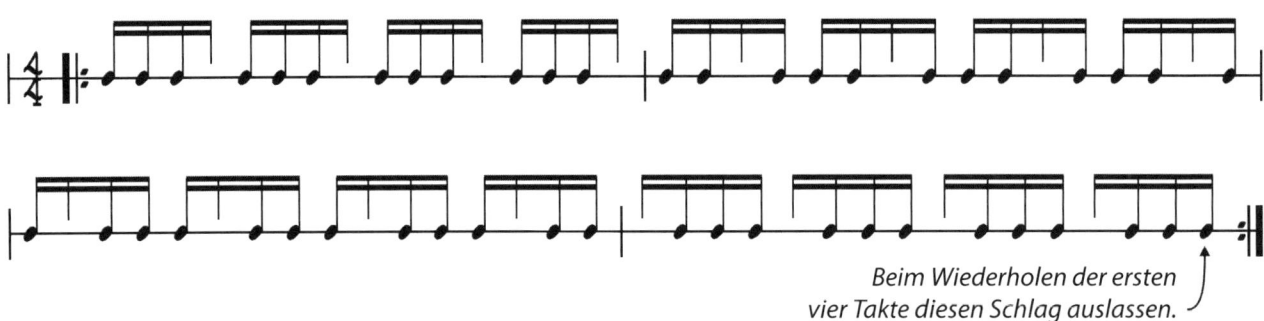

Beim Wiederholen der ersten vier Takte diesen Schlag auslassen.

Sechzehntelnoten / Groups of 3+

Lesetext 4: Sechzehntelnoten – 3 / 5 / 7 Groups of 1

3er-Gruppen

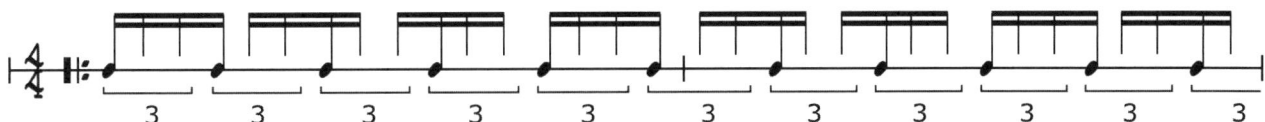

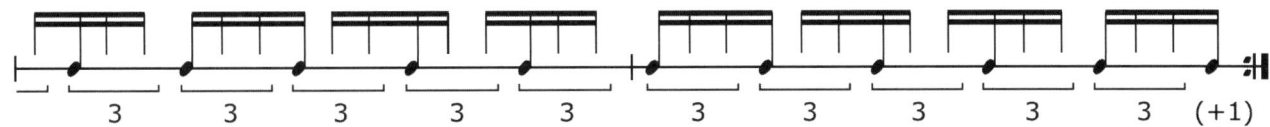

5er-Gruppen

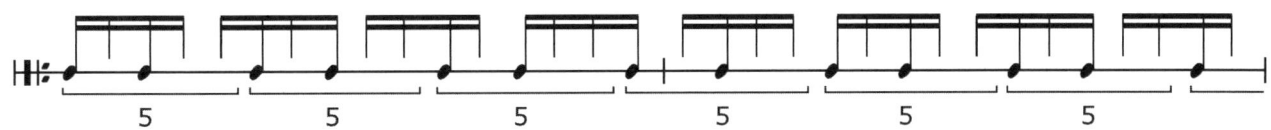

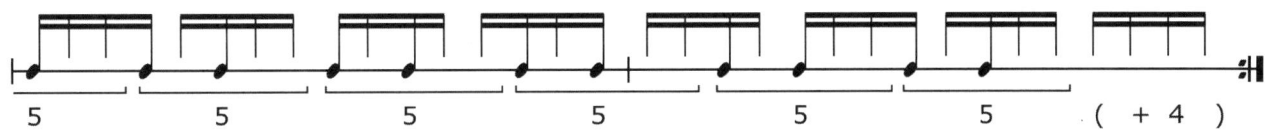

7er-Gruppen

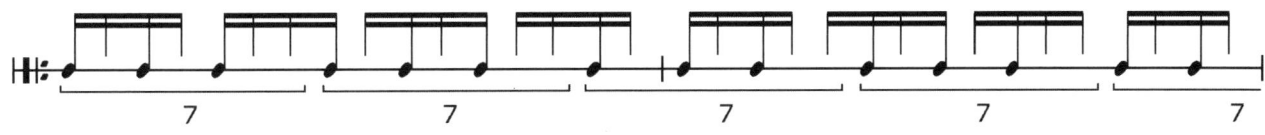

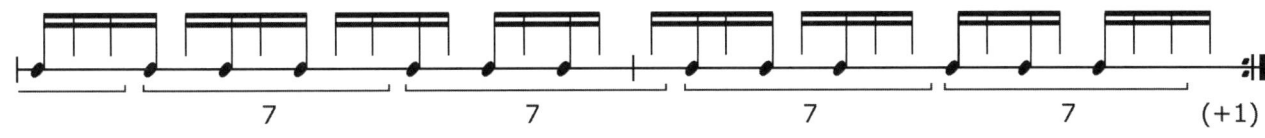

Lesetext 5: Sechzehntelnoten – 3 / 5 / 7 Groups of 2

3er-Gruppen

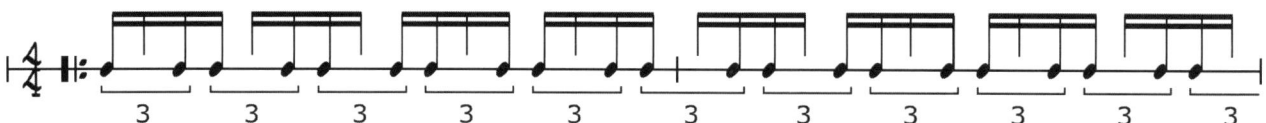

5er-Gruppen

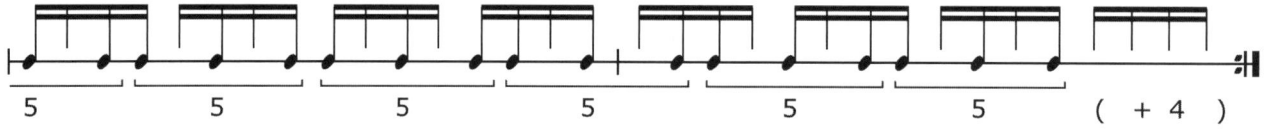

7er-Gruppen

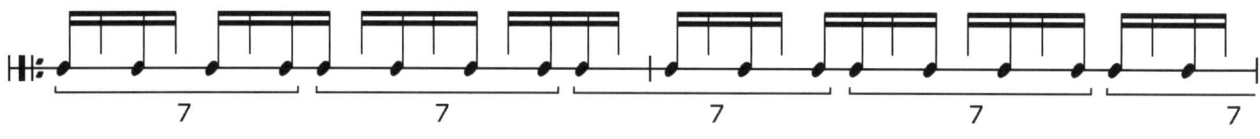

Lesetext 6: Achteltriolen – Groups of 1.1

Lesetext 7: Achteltriolen – Moving Accents / Groups of 1.2

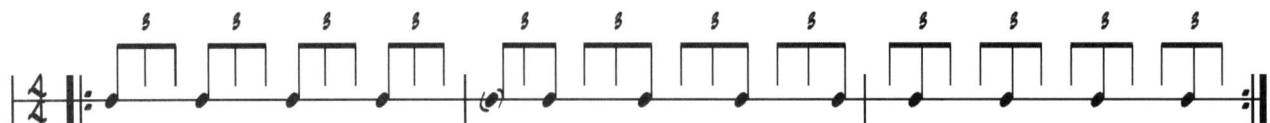

Achteltriolen / Groups of 1.2

Lesetext 8: Achteltriolen – Moving Accents / Groups of 2

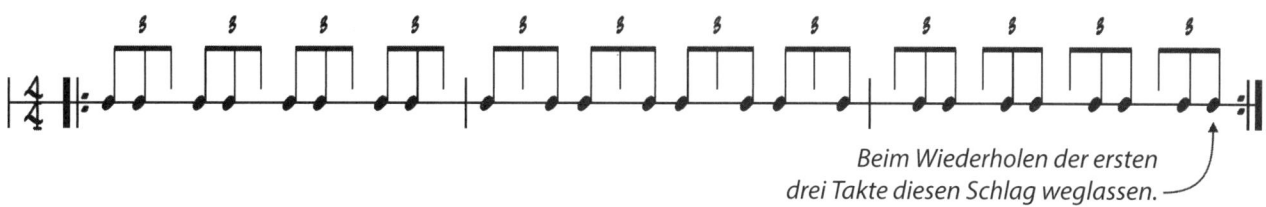

*Beim Wiederholen der ersten
drei Takte diesen Schlag weglassen.*

Achteltriolen / Groups of 2

Achteltriolen / Groups of 2

Lesetext 9: Achteltriolen – Groups of 3+

Lesetext 10: Achteltriolen – 3 / 5 / 7 Groups of 1

3er-Gruppen

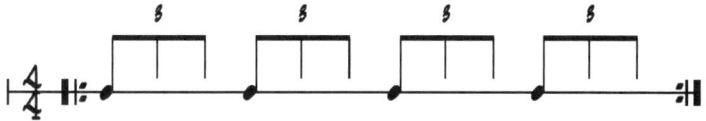

5er-Gruppen

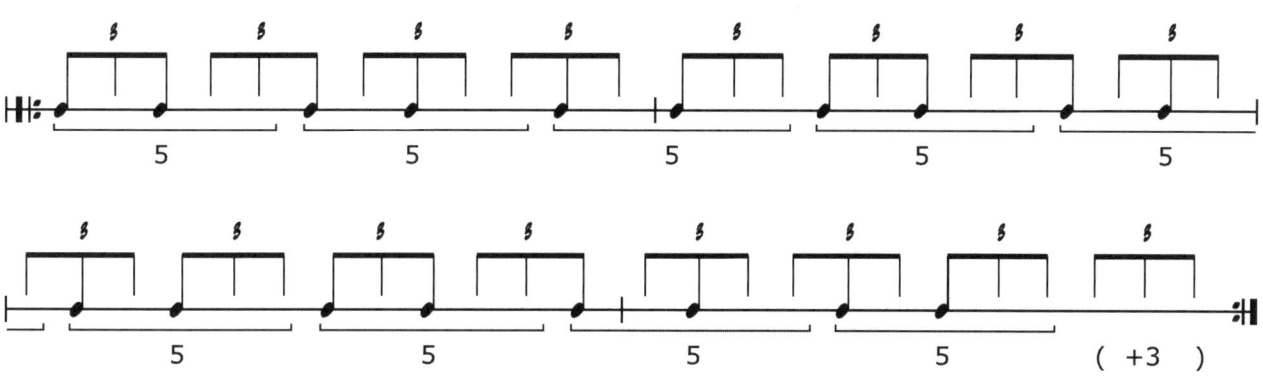

7er-Gruppen

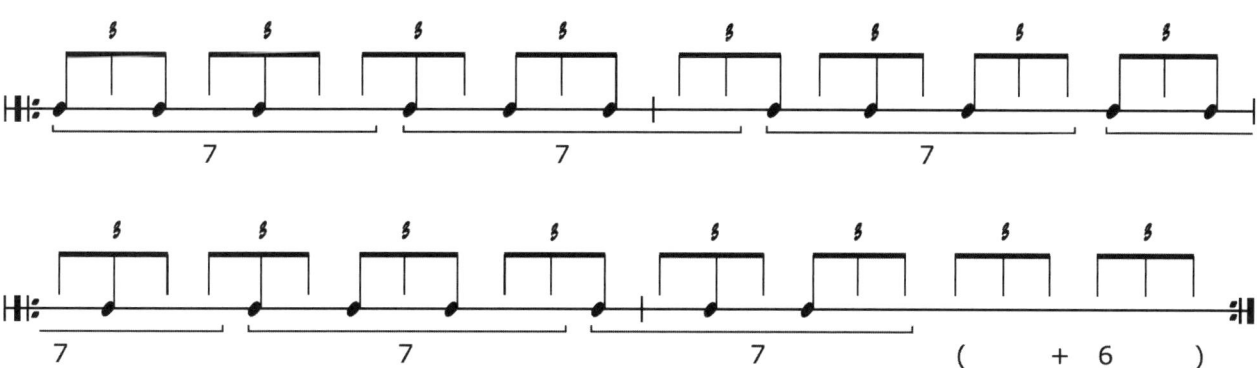

Lesetext 11: Achteltriolen – 3 / 5 / 7 Groups of 2

3er-Gruppen

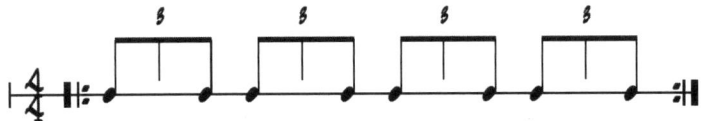

5er-Gruppen

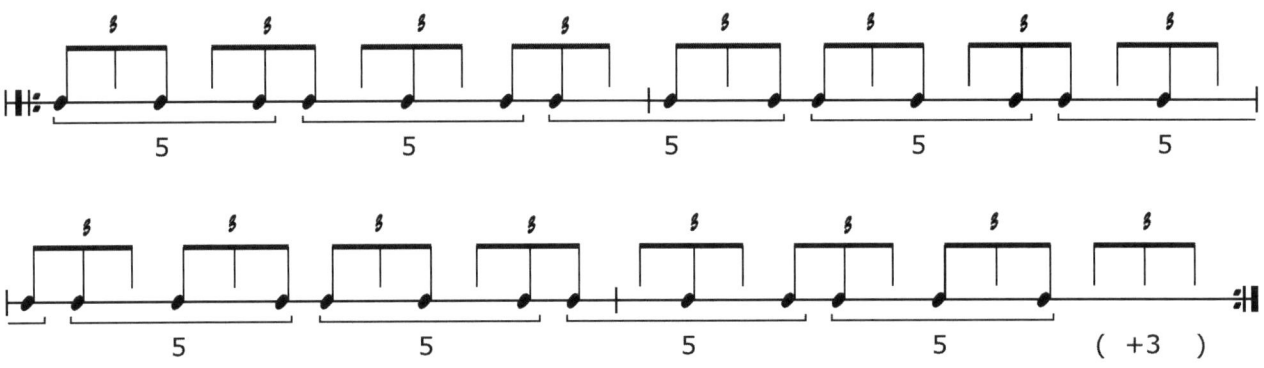

7er-Gruppen

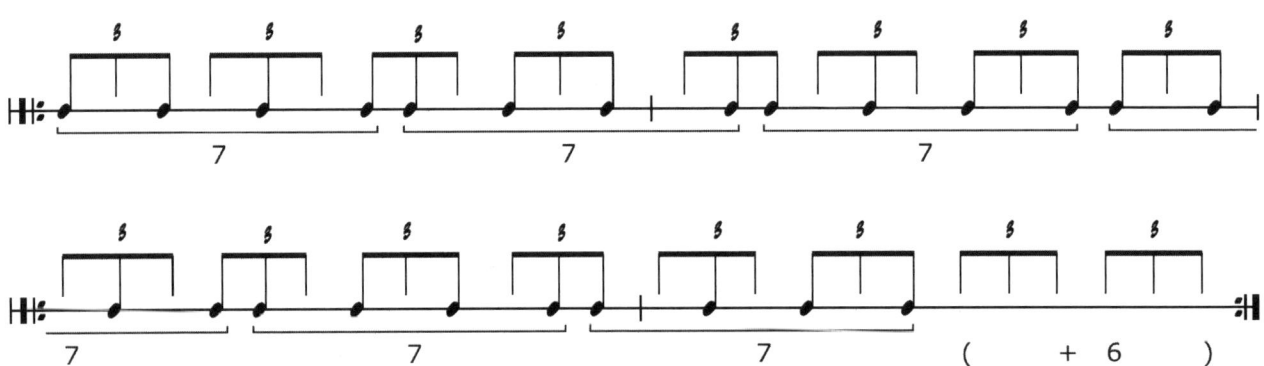